日本労働法学会誌104号

企業年金の法的論点
企業間ネットワークと労働法
労働関係紛争処理の新潮流

日本労働法学会編
2004
法律文化社

目　次

シンポジウム I　企業年金の法的論点
シンポジウムの趣旨と総括……………………………山川　隆一　3
企業年金の労働法的考察………………………………森戸　英幸　8
　　──不利益変更を中心に──
「退職金」としての視点からの企業年金改革の
　　再検討………………………………………………河合　塁　22

シンポジウム II　企業間ネットワークと労働法
シンポジウムの趣旨と総括……………………………奥田　香子　39
企業間ネットワークと雇用責任………………………本久　洋一　45
　　──労働関係における法人格否認の法理の再検討──
企業間ネットワークにおける「使用者の責任」の分配…中内　哲　55
　　──業務請負形態における労働保護法上の責任論──
支配企業に対する従属会社労働者の団交アプローチ…紺屋　博昭　65

シンポジウム III　労働関係紛争処理の新潮流
　　──労働審判制度の創設・労働委員会制度改革──
シンポジウムの趣旨と総括……………………………十田　道夫　77
個別労働紛争処理をめぐる議論と政策………………村中　孝史　84
　　──80年代以降の議論動向──
雇用社会における法の支配と新たな救済システム…豊川　義明　93
　　──労働審判制度の意義と展望──
労組法改正と労働委員会システムの見直し…………道幸　哲也　102

〈個別報告〉

安全配慮義務概念の拡張可能性 …………………………松本　克美　117
　　──合意なき労働関係及び工事発注者の安全配慮義務論──

ドイツにおける従業員代表の労働条件規整権限の
正当性とその限界 ………………………………………高橋　賢司　134

労働者へのセクシュアル・ハラスメントに
関する紛争解決手続き …………………………………柏﨑　洋美　149
　　──新たな位置づけの検討　カナダ法とイギリス法を中心として──

〈投稿論文〉

ドイツ職業訓練制度の転換 ……………………………野川　忍　163
　　　　　　　　　　　　　　　　　　　　　　　　　　川田　知子
　　──キャリアディベロップメントからみた新たな模索──

日本学術会議報告 ………………………………………浅倉むつ子　182

日本労働法学会第 107 回大会記事 …………………………………　186
日本労働法学会第 108 回大会案内 …………………………………　191

シンポジウム I
企業年金の法的論点

シンポジウムの趣旨と総括 　　　　　　　　　　　　　　　　　　　山川隆一
企業年金の労働法的考察
　　——不利益変更を中心に——　　　　　　　　　　　　　　　　森戸英幸
「退職金」としての視点からの企業年金改革の再検討　　　　　　　河合　塁

＜シンポジウム I ＞

シンポジウムの趣旨と総括

山 川 隆 一
(慶應義塾大学)

I　シンポジウムの背景

　近年，企業年金をめぐる議論が各方面で活発化している。その背景としてまず考えられるのは，公的年金の将来に関する懸念である。すなわち，社会の高齢化の進展とともに，年金受給開始年齢の段階的な引下げが開始される一方で，将来の給付水準の引下げが議論され，公的年金の所得保障機能への懸念が強まったことから，それを補完するものとしての企業年金への期待が高まっているとみられる。

　次に，それとは一見逆の視点であるが，現在企業年金が危機を迎えていることが挙げられる。いわゆる確定給付型の企業年金が，予定利率を大きく下回る超低金利時代が続く中で，企業に財源の追加負担をもたらしているうえ，会計基準の変更により年金の積立不足を負債として開示することが求められたことから，多くの企業が制度の見直しを迫られたのである。

　第三に，これらの状況を受け，企業年金をめぐる法的整備が進んだことも挙げられる。2001年には，確定拠出年金法が制定され，新たなタイプの確定拠出年金が導入できるようになったほか，従来の適格年金に比べて受給者保護等の規律を充実させた確定給付企業年金法も制定された。また，労働市場の流動化に備え，いわゆるポータビリティーの整備が求められ，この6月に成立した年金改革法でもそのための措置が講じられている。

II 労働法学における検討の意義

　では，こうした状況のもとで，労働法学において企業年金を検討する意味はどこにあるのであろうか。そもそも，企業年金を検討するアプローチは極めて多様である。老後の生活保障という観点から，社会保障論ないし社会保障法学からの検討がなされることはいうまでもないが，年金課税のあり方という観点からは，税法学からのアプローチも可能である。また，企業財務への影響という観点からは，会計学や財務管理論からの検討もなされている。

　しかし，企業年金については，事業主が制度運営の主体となる場合はもちろん，そうでない場合でも何らかの形で事業主が制度の設立や運営に関わることが多い。また，労働者側からみても，企業年金は賃金または労働条件の一種としての意味をもちうる。その他，法制上，企業年金制度の設立や運営に当たっては，労使の合意が重要な意味を与えられている。

　以上のように，企業年金は，労働法上も検討すべき課題を数多く提供しており，実際にも，企業年金の給付額の引下げや制度の廃止をめぐる裁判例が登場し始めている。企業年金につき労働法学からの検討を試みたのは，このような理由によるものである。

III 報告の概要

　本ミニシンポジウムでは，まず，森戸英幸会員（成蹊大学）が「企業年金の労働法的考察」と題する報告を行った。同報告は，各企業年金制度の紹介とその類型化を行ったうえ，労働基準法上の「賃金」に該当するか否かなどの論点を検討した。続いて，制度変更に伴う給付減額などのいわゆる不利益変更について，現役従業員を対象とする場合と受給中の者を対象とする場合に分けたうえ，労働法における労働条件変更法理の適用の可否や新たな民法的アプローチの可能性について，訴訟法的視点もまじえた詳細な考察を加えた。最後に同会員は，企業年金が退職金として重要な労働条件であること，それゆえ労使合意

を担う労働組合の役割も重大であることを指摘して報告を結んでいる。

次に、河合塁会員（中央大学大学院）により、「企業年金に関する新たな課題について」と題する報告がなされた。同報告では、企業年金制度の改革にあっては、労働者にとって、雇用流動化への対応と受給権保護の強化という意義を果たすことが期待されるとの視点に立って、流動化への対応策としてのポータビリティーの整備状況とそこでの課題を検討したのち、受給権保護の強化に関しては、受託者責任および支払保証という2つのツールに焦点を当て、企業年金の実務をふまえた考察を行った。そして同報告は、退職金の一種として労働条件たる性格を有する企業年金に公的年金の補完という役割を果たさせるためには、労使自治をより実質化することが必要であると結論づけている。

Ⅳ　討論の概要

以上の2つの報告を受けて、活発な質疑応答が展開された。まず、①企業年金の法律関係をいかに把握するか、特に基金型企業年金における規約の法的性質をどのように考えるかが議論された。森戸会員の報告では、基金型年金において規約が加入者を拘束する根拠に関していくつかの理論構成が示唆されていたが、水町勇一郎会員（東京大学）から、改めてこの点についての検討の必要性が述べられた。また、報告者である河合会員からは、特に厚生年金基金のように行政官庁の認可という措置がとられる場合には、法規範としての色合いが強いのではないかとの指摘がなされた。

これに関連して、山田哲会員（北海学園大学）からは、基金の性格につき、事業主と加入者を構成員とする社団と考えられないかとの意見が示された。また、事業主と加入者との関係をめぐり、同会員から、事業主が掛金を支払わない場合に加入者はいかなる対応をなしうるかとの質問がなされ、森戸会員はこれに対して、行政の対応を求めることの他に、第三者のための契約における受益者としての責任追及の可能性を示した。

次に、②現役従業員および受給者に対する不利益変更の可否を判断する枠組みをいかに考えるかが議論され、近藤昭雄会員（中央大学）から、企業年金に

シンポジウムⅠ　企業年金の法的論点

ついては,「画一的な労働条件決定の必要性」という就業規則法理の基盤が必ずしも妥当せず,別個の枠組みを考えるべきではないかとの指摘がなされた。

　この点について森戸会員からは,企業年金は,外部の関係者が関与するとしても,労働条件として退職金と同様の位置づけがなされる以上,特段の規定がない限り,就業規則などによる労働条件の変更の場合と同様に扱ってよいとの回答がなされた。また,水町会員からは,受給者に対する不利益変更に関し,現役従業員と受給者の双方が参加する一種のフォーラムを作ることとし,それぞれの利益の調整を図ってはどうかとの提案が示された。

　安西愈会員（弁護士）からも,適格年金制度における給付水準の引き下げにつき,同制度の運用に関する自主審査要領に従って加入者の三分の二の同意が得られれば,森戸会員のいう中間的な合理性が認められるのかという質問がなされたが,森戸会員は,中間的な合理性の判断枠組みは基金型年金についての提案であり,適格年金については就業規則法理における合理性の枠組みで足りる旨答えた。

　こうした議論をめぐる基礎的論点として,③企業年金を退職金的なものとして位置づけることは妥当かが問題となるが,安西会員から,そもそも企業年金を退職金とする把握が実務一般の意識に合致しているかとの疑問が提起され,また,具体的問題として,適格年金につき保証期間がない場合や同期間が経過した場合には,退職金としての性格は弱まるのではないかとの質問がなされた。これに対して森戸会員は,むしろ上記のような意識への問題提起として退職金としての性格を強調したことを指摘し,また,年金支払義務が終身続く場合でも取扱いは特に区別しなくともよいのではないかと述べた。

　さらに,④受託者責任と不利益変更の判断はいかなる関係にあるかも議論された。近藤会員による,事業主等が受託者として注意義務を果たさなかったことが不利益変更における合理性判断が否定される方向に影響を及ぼすのではないかとの問題提起を受けて,不利益変更の合理性の判断基準と注意義務違反の判断基準は必ずしも同じではないが,実質的には同様のものとなりうるとの見解（河合会員）や,不利益変更に対しては,その効力を争う他に受託者責任を追及することもありうるとの見解（森戸会員）が示された。

以上のような解釈上・理論上の論点のほか，⑤制度の将来的な方向性はいかにあるべきかも議論の対象となった。たとえば，原昌登会員（成蹊大学）は，企業年金への公的規制を強化すると，かえって企業年金の提供を回避する傾向が生じかねないので，むしろ私的側面における退職金としての性格を強調してはどうかとの視点を示した。

　これに対して河合会員は，そうした認識を共有しつつも，企業年金に公的年金の補完的役割を期待する場合の課題に焦点を当てて検討した旨を述べ，森戸会員も，退職金としての性格を強調する一方で，今後の方向性として，老後の所得保障の一環として企業年金をいかに位置づけるかは重要な課題である旨を述べた。

　最後に，野川忍会員（東京学芸大学）からは，企業年金を個人資産とみた場合のポータビリティーの確保と，老後の所得保障としての受給権確保とは矛盾する場合があるのではないかとの指摘がなされた。河合会員は，両者は所得保障という観点でむしろ共通性をもっており，懲戒解雇の場合の不支給措置への制約などは，いずれにもかかわる提言であると指摘した。

V　おわりに

　企業年金制度をめぐっては，(1)公的年金や退職金との関係を含めて，それがいかなる役割を果たすべきかというマクロ的な視点と，(2)事業主，現役従業員，退職後の受給者，さらには基金ないし資産管理・運用機関などの関係当事者がいかなる法律関係にあるかというミクロ的な視点がある。今回のミニシンポジウムでは，以上の2つの視点をふまえた報告がなされ，また，それぞれについて，労働法学会ならではの議論が行われた。上記の(1)は今後とも検討されるべき政策課題であり，(2)についてもより具体的に詰めるべき論点が残されているが，今回の報告と議論により，それらを考えるにあたっての共通の理論的基盤と問題意識が得られたのではないかと考えている。

（やまかわ　りゅういち）

企業年金の労働法的考察
―― 不利益変更を中心に ――

森 戸 英 幸

(成蹊大学)

I　はじめに――「企業年金」とはなにか

　本稿では,「企業年金」を「事業主が, 従業員の労働に対する見返りとして, 任意に実施する年金または一時金の給付制度であって, 従業員の引退後所得保障を主たる役割の1つとするもの」と定義する[1]。この広範な定義の下では, 退職一時金制度はもちろん, 中小企業退職金共済制度や年金財形制度も「企業年金」である。ただし以下では, 誌面の都合上, ①内部留保型退職年金（＝自社年金）制度, ②適格年金制度, ③厚生年金基金制度, ④規約型確定給付企業年金制度, ⑤基金型確定給付企業年金制度, そして⑥企業型確定拠出年金制度（いわゆる「日本版401(k)プラン」）のみを主たる考察対象とする。

　まずは, 企業年金制度をいくつかの異なる基準で分類してみよう。一時金支給か年金支給か, 年金支給の場合終身年金か有期年金か, 従業員拠出はあるか, 税制適格か非適格か――様々な分類が可能であるが, ここでは本稿での考察にとくに関係があるもののみを取り上げる[2]。

1　内部留保型と外部積立型

　企業年金を支給するための原資を企業の外に取り分けているかどうかという区別である。①は内部留保型, それ以外は外部積立型となる。

---

1)　詳細は森戸英幸『企業年金の法と政策』(2003年) 18頁以下を参照。
2)　詳細は森戸・前掲注1)書・23頁以下を参照。

2 基金型と契約型

外部積立型制度は，制度の実施主体として独立の別法人が設立される制度（基金型）と，外部の金融機関等と資産管理その他の各種の契約が締結されるが，なお制度の実施主体は事業主であるという制度（契約型）とに分けられる。③⑤が前者，②④⑥が後者に該当する。

3 給付建て・掛金建て・混合型

実際の資産運用の結果と関係なく，（給付額）＝（退職時賃金）×（勤続年数）×（一定の係数）というような計算式によって将来の年金支給額を約束する制度が給付建て（確定給付型）である。企業年金制度の運営者は，この計算式にしたがって将来年金を支給できるように資産を運用しなければならない。予定どおりに運用できなかった場合には追加拠出が必要となる。つまり運用のリスクは企業側が負担する。従来の退職金・企業年金制度は基本的にこのタイプである。

これに対し，将来の年金給付額が確定していない制度を掛金建て（確定拠出型）と呼ぶ。従業員が将来年金として受け取る金額は，個人単位で設定された勘定（アカウント）に事業主または従業員自身が拠出した金額とその運用益によって決まる。つまり給付建ての制度とは異なり，運用のリスクは従業員の側が負担することになる。その代表は企業型確定拠出年金制度である。

このほか，給付建てと掛金建て双方の性格を併せ持つ「混合（ハイブリッド）型」の制度も存在する。中でも著名なのが近年米国の大企業で急速に導入が進んだキャッシュ・バランス・プラン（cash balance plan）である。日本の現行法上も，確定給付企業年金制度及び厚生年金基金制度の枠内で，国債の利回りを基準とした日本型キャッシュ・バランス・プランを実施することができる（確定給付32条2項，同法施行令24条1項3号・4項，同法施行規則28条1項，29条1項，厚生年金基金設立認可基準取扱要領2-4(5)①ウ・③）。

4 内枠方式と外枠方式

内枠方式というのは，退職金制度の枠内に企業年金制度を位置づける方式である。内部留保型の退職一時金制度の一部を外部積立の企業年金に移行したよ

うな場合にこの方式となることが多い。就業規則や退職金規程には以下のような記載がなされる。

> 別に定める〇〇年金基金規約（または退職年金規程）により支給される給付を受ける者については、当該給付額（年金給付については年金現価相当額）をこの規程により計算される退職金額より控除して支給する

これに対し、退職金制度との調整を行わず別建てで外部積立の企業年金が実施される場合もある。これは外枠方式と呼ばれる。就業規則等の記載は以下のようになる。

> 別に定める〇〇年金基金規約（退職年金規程）により、年金または一時金を支給する

後述するように、内枠方式か外枠方式の区別は、給付の不利益変更の可否を考える場面において重要な意味を持つ。

II 労働基準法上の論点

1 「賃金」該当性

企業年金の給付あるいは掛金は労基法上「賃金」（11条）に該当するか。一般的な意味で企業年金が「労働の対償」であることはその定義からも自明である。問題は「使用者が支払う」ものといえるかどうかである。

(1) 基金型制度

厚生年金基金、基金型確定給付企業年金の給付については、法律上、使用者とは独立の法人が給付の支払義務者であり、「使用者」が支払うものではないので、これらの制度の給付は「賃金」ではない。

(2) 規約型確定給付企業年金

結論から言えば、現行法の解釈としてはどちらもありうる。

(a) 「賃金性」を肯定する事情

規約型確定給付企業年金の給付は、法律上事業主が「行う」ことになっている（確定給付29条）。「行う」すなわち「支払う」の意味だと考えれば、「使用者が支払う」ものと言える。その場合資産管理運用機関は履行補助者となる。

(b) 「賃金性」を否定する事情

規約型確定給付企業年金の給付は，受給権者の請求と事業主の裁定を受けて資産管理運用機関が「支給」する（確定給付29条・30条）。つまり，立法者は「行う」と「支給」を使い分けている。「行う」という文言は，確定給付企業年金が「労働条件」であることを示すものではあるが，「賃金」であることは意味しない。また基金型確定給付企業年金の給付が「賃金」でないのに，それと基本的には同じ規制の下にある規約型の給付は「賃金」に該当する，というのではバランスを欠く。

(c) 立法的解決

「賃金」とみることに実際上の意義がそれほどあるわけではない。給付受給権の保護に関しては確定給付企業年金法自体に規定がある（確定給付34条など参照）。賃確法の立替払制度も，本来は毎月の通常賃金が未払いになった場合に登場すべき仕組みである。外部積立型，つまりその資産に会社債権者が手を伸ばせない制度までがその保護の対象となることは立法者の想定するところではないだろう。

立法論としては，規約型確定給付企業年金の給付は，ストック・オプション同様，「労働条件」ではあるが労基法上の「賃金」ではない，という内容の行政解釈を出せばよいのではないだろうか。

(3) 適格年金

給付の「支給」者は受託金融機関である（法人税法施行令附則16条1項2号）。制度の仕組みは基本的には規約型確定給付企業年金と同じなので，適格年金についても前掲(2)のような議論ができることになる。

ただし，適格年金の給付は確定給付企業年金のそれに比べ法令上の保護は薄い。給付の差押え禁止規定は存在しない。積立てに関する規制も緩いので，いわゆる積立不足も生じやすい。「賃金」とみる実際上の必要性は実は確定給付企業年金よりも高いといえる。適格年金が「廃止」されるまであと8年弱。その間に「確定給付企業年金であればこうはならなかったけど，これは適年だから……」というような事件が起きないことを祈るばかりである。

(4) 企業型確定拠出年金

　企業型確定拠出年金の給付は企業型記録関連運営管理機関または記録関連業務を行う事業主が「裁定」し，資産管理機関が「支給」する（確定拠出29条・33条）。事業主は労働契約上掛金の支払義務は負うが，給付の支払義務を負うわけではない。運営管理機関を自ら行う場合には裁定は行うが，それは運営管理機関としての義務であり，使用者としての義務ではない。したがって「賃金」には該当しない。

　掛金についても，「労働者に」支払うものではないと考えれば「賃金」ではないことになる。ただし給付建て制度の掛金と異なり，企業型確定拠出年金の掛金は従業員個人のアカウント（勘定）に繰り入れられる。これを「労働者に」支払われるものであるとみることも可能ではある[3]。また「賃金」であれば，未払掛金がある状態で企業が倒産した場合に賃確法の立替払い制度を発動することもできる。いずれにせよ，企業倒産時における未払い掛金の支払確保については，なんらかの立法的措置が必要であろう。

(5) 自社年金

　一般には自社年金も退職金同様労働協約や就業規則で支給条件が明確に定められていれば「賃金」であるとされる[4]。もっとも，退職時からかなりの時間が経過した後にも支払われるものである以上，通常の賃金と同じ取扱いはできない[5]。賃確法の立替払い制度の適用も認めてよいであろう。

2　就業規則への記載義務

　企業年金給付が労基法89条3号の2にいう「退職手当」に該当するかどうかが問題となる。実務では，支給条件が明確で，退職により在職中の労働全体に対する対償として具体化する債権であれば，退職一時金であっても年金であっても，また社外積立型制度であっても，「退職手当」に該当する，とされている[6]。自社年金はこれに該当するだろう。しかし他の外部積立型制度がこれに含

---

[3]　その場合は労基法24条1項の賃金直接払いの原則との関係も検討する必要がある。
[4]　注釈労働基準法（上）（2003年）170頁以下〔水町勇一郎執筆〕など。
[5]　山川隆一『雇用関係法〔第3版〕』（2003年）110頁など。
[6]　労働省労働基準局編『〔改訂新版〕労働基準法』（2000年）857頁。

まれるのか，必ずしも明らかでない。

　もっとも，労基法89条の3号の2ではなく，同条10号により，事業主が実施主体となる契約型の制度（適格年金，企業型確定拠出年金，規約型確定給付企業年金）については就業規則への記載義務があると言えそうである。基金型制度の場合でも，内枠方式の場合は自ずと就業規則に記載がなされることになる。問題は基金型制度で外枠方式の場合である。これについては現行法上就業規則への記載義務があるとは言えないであろう。しかし立法論としては記載を義務つけるべきである。その理由は，一言で言えば，外枠の基金型制度も実質的には「労働条件」だからである。

III　現役従業員についての不利益変更

　以下では，制度存続を前提に同じ制度の枠内で給付の不利益変更を行うという単純なケースを前提に考察を行う。

1　法令による給付減額要件とその意義

　適格年金，厚生年金基金，確定給付企業年金の給付の不利益変更（実務ではしばしば「給付減額」と呼ばれる）については，法令上の規制がある。思い切って単純化すると，いずれの制度においても，給付減額のための規約変更には，（事業所の合併などの場合を除き）事業主が経営不振など一定の苦しい状況にあること，そして労働側からの同意（労使合意）を得ることが必要である[7]。

　ではこれら法令上の規制はどのような意味を持つか。上記の要件は，厚生年金基金と基金型確定給付企業年金の場合には規約変更について行政庁の「認可」を受けるための要件。そして適格年金及び規約型確定給付企業年金の場合は「承認」を得るための要件である。認可・承認は，制度が税制優遇を受けるための要件である。ではそれ以外に法的な意義はあるのだろうか。

---

7)　詳細は森戸・前掲注1）書・202頁以下。
8)　田中二郎『新版 行政法（上）〔全訂第2版〕』（1974年）123頁。

(1) 認 可

認可は法律的行為の効力要件である[8]。企業年金法においても，基金の規約変更は認可がなければその効力を生じないとされている（厚年保115条2項，確定給付16条2項）。ではその反対解釈として，認可があればそれだけで不利益変更は法的に有効なのだろうか。つまり，認可があれば，不利益変更を内容とする規約に個々の従業員が当然に拘束されることになるのだろうか。

結論的には，そうではないと考えるべきである。第1に，条文上それが明確ではない。条文の文言はあくまでも「認可なければ効力なし」であり，「認可があれば効力あり」ではない。いやそれ以前に，そもそも，「効力」とは誰に対するいかなる効力なのかさえ明確ではない[9]。

第2に，認可の基本となる元の行為（ここでは規約変更）が不成立あるいは無効な場合には，認可によってその行為が有効となるわけではない[10]。要するに，元の行為が本当に有効なのか，そしてどのような拘束力を誰に持つのかは，認可の有無とは別に考えるべきである。ところで，ここで問題となっている規約変更は，実質的には労働条件の不利益変更である。とすれば，それが有効かどうかは，認可の有無とは別に，労働法的観点から考えるべきではないだろうか。

(2) 承 認

承認には認可のような効果はない。つまり，行政庁の承認を受けていなくても，規約変更は当然にはその効力発生を妨げられない。未承認の規約変更であっても，加入者と事業主の間の契約内容となる可能性はある。そしてここでもまた，認可の場合と同様の理由から，行政の承認した規約変更だからといって当然に個々の従業員を拘束するわけではないと考えるべきであろう。

2 判例による労働条件変更法理の適用可能性

認可や承認によっても規約変更が当然には個々の従業員を拘束しないとすれば，他になにが必要なのか。すでに述べたように，企業年金が実質的には労働条件であることからすれば，労働条件変更法理のチェックをクリアすべきであ

---

9) ちなみに会社更生法や民事再生法では，認可された更生計画や再生計画が誰に効力を生じるかが条文上明記されている（会社更生203条1項，民事再生177条1項）。
10) 田中・前掲注8)書123頁，宇賀克也『行政法概説Ⅰ 行政法総論』(2004年) 78頁。

ろう。
(1) 契約型制度

適格年金及び規約型確定給付企業年金は，事業主が実施主体となるものであるので，すでに述べたように労基法上の「賃金」ではないとしても，労使間の労働契約を基礎とする「労働条件」であることは確かである。年金規約は，就業規則の一部として，合理的な内容なら個々の従業員を拘束することになる。[11]

(2) 基金型制度

基金型制度の給付は，「労働条件」，つまり労働契約の内容になっているとはとはいえない。内枠方式であれば間接的には労働条件と言えるが。基金の規約は就業規則ではないし，といって労働協約でもない。[12]労組法16条のような規定が存在しない以上，そもそも基金の規約がなぜ個々の従業員を拘束するのかが明確ではないのである。[13]

これについてはいろいろな説明が考えられる。元々企業年金は任意の恩恵的な制度であり，いかなる条件で支給しようがどんな不利益変更をしようがそれは事業主の自由。と言っても，代議員会を通じて労働者側の意見は一応反映されている。[14]だから給付は代議員会が決めたとおりに支給されるだけであって，その中身が変わったとしてもそれに個々の従業員が文句を言う余地はない。それでももちろん行政の認可基準を満たす必要はあるわけで，その保護で十分なのだ——このような立場もありえよう。

また別の考え方として，厚生年金保険法あるいは確定給付企業年金法の趣旨として，あるいは「認可なければ規約変更に効力なし」という規定の反対解釈として，代議員会の決議は個々の従業員を拘束することになっている，という

---

11) 電電公社帯広局事件・最3小判昭61．3．13労判470号6頁。
12) 理論的には，基金の規約が労働協約を兼ねることもありうる。
13) これは要するに，かつて華やかに繰り広げられた「就業規則の法的性質論」のように，基金規約の法的性質を論じなければいけないということでもある。なお，基金の規約がどのような性格を持った契約なのかは，もちろん究極的には実際の規約例を検討してみなければわからない。もっとも実際の規約はだいたい一定のひな型に沿って作られており，かつまた法令の文言をそのまま流用している。有り体に言えば，あまり参考にならない。
14) 実際の多くの基金では，代議員会が形骸化してしまっている場合も少なくないという。そのような状況の下で「代議員会が決めたことなのだから個々の従業員もそれに従うべきである」と言い切ることには躊躇を覚えざるを得ない。

説明も可能かもしれない——筆者がこのような考え方に反対であることはすでに述べたが。

あるいは，会社に採用されたときに，つまり年金制度に加入したときに，何らかの形で，規約の変更についても従うという黙示の合意があったと考えるか。それとも，これは要するに立法上の不備であり，労組法16条のような規定が明文化されるべきなのだ，と考えるか。

私見では——極めてラフな試論レベルではあるが——基金型制度であっても，実質的には従業員サイドからみれば紛れもなく「労働条件」である。とすれば，これまでの労働法学が築いてきた，就業規則や労働協約に関する法理の趣旨をできるだけ活かすべきではないか。基金規約は就業規則のように使用者が一方的に作るものではない。代議員会を通じて，労使合意によって作られる。その意味では労働協約に近い。しかし労組法16条に相当する明文はない。ということで，たとえば，基金規約は，就業規則変更時に要求される「合理性」と，労働協約変更時に要求される「合理性」[15]の中間のレベルくらいの「合理性」があれば，原則として個々の従業員を拘束する，と考えてみてはどうだろうか。

3　訴訟の形態と訴訟法上の論点

(1)　契約型制度

すでに述べたように，承認は効力発生要件ではないので，従業員が承認の是非を争う行政訴訟を提起する意味はない。民事訴訟は，契約型制度の規約は就業規則に該当するので，就業規則の不利益変更を争う従来の訴訟と同様のパターンとなる。

(2)　基金型制度

認可は承認とは異なり効力発生要件であるので，認可処分の取消を求める行政訴訟が可能である。では民事訴訟で，認可を受けてなされた規約変更につい[16]

---

15)　言うまでもなく，「使用者が一方的に作成する就業規則を変更する場合には，労使の合意に基づいて締結される労働協約を変更する場合よりも高度の『合理性』が要求される」という考え方を前提としている。

16)　基金型確定給付企業年金を前提とした議論である。代行部分を抱える厚生年金基金は法的には「行政庁」となるのでまた別の検討が必要となる。

て，その拘束力を争うことができるだろうか。

前述した「試論」の立場からすれば，規約変更は合理性を欠くので私には拘束力がないはずだ，変更前の規約に従って給付を行え，という訴えを基金に対して提起することが可能となるだろう[17]。あるいは，代議員会の決議無効，議決権濫用というような訴えも想定しうる。その場合には，その判断の中で就業規則や労働協約に関する労働条件変更法理の趣旨を活かすべきであろう。

(3) 不利益変更訴訟における「訴えの利益」

周知のとおり，従業員が在職のまま，変更前の規定に基づく退職金請求権を有する労働契約上の地位の確認を求めることはできないというのが現在の裁判例の大勢である[18]。そこでは，退職金の債権は退職時に初めて確定する，という考え方が前提になっている。

このような考え方を前提とすれば，外部積立型の企業年金制度の場合も，従業員が在職のまま給付の不利益変更を争うことはできないということになりそうである（行政事件訴訟法9条参照）。

IV 年金受給者についての不利益変更——いわゆる「受給者減額」

「受給者減額」とは，退職後に年金の形で企業年金を受給している者（元従業員）の給付を減額することである。

1 現行法上のルール

(1) 法令上の規制

現役従業員についての不利益変更の場合と同様に，やはり行政庁による認可・承認の要件が定められている。たとえば確定給付企業年金の場合には，以

---

17) この場合，行政行為（認可）の違法性が争点になるわけではないので，取消訴訟の排他的管轄は生じないと考えられる。宇賀・前掲注10)書・278頁以下参照。
18) 仙台ブロック・トラック運送事業厚生年金基金事件・仙台地判昭61．4．15労判473号11頁，ハクスイテック事件・大阪地判平12．2．28労判781号43頁など。
19) 厚生年金基金の場合もほぼ同様の要件である。なお適格年金については法令上明文の規定はない。詳細は，森戸・前掲注1)書・218頁以下参照。

> 1 「理由」（確定給付則5条・12条）
> ①実施事業所の経営状況が悪化したことにより、給付の減額がやむを得ないこと
> ②給付の減額をしなければ、掛金の額が大幅に上昇し、事業主が掛金を拠出することが困難になると見込まれるため、給付の減額がやむを得ないこと
>
> 2 「手続」（確定給付則6条・13条）
> ①給付の減額について、受給権者等の3分の2以上の同意を得ること
> ②受給権者等のうち希望する者に対し、一時金での清算を認めること[20]

下のような「理由」と「手続」の要件を満たす必要がある。

(2) 自社年金の場合

自社年金の受給者減額を直接規制する法令は存在しない。したがって減額の是非は、一言で言えば、就業規則や退職年金規定などの解釈、すなわち契約の解釈によって決まることになる。

2 受給者減額の法的論点

(1) 法令上の規制の意義

厚生年金保険法や確定給付企業年金法が定める受給者減額の要件は法的にはどのような意味を持つか。結論から言えば、現役従業員についての不利益変更の場合と同様、承認・認可は税制上の優遇を受けるための要件に過ぎない。つまり承認・認可を受けた規約が当然に受給者を拘束するわけではない。なによりも現役従業員のケースと異なるのは、年金受給者が代議員会の構成員ではないということである（厚年保117条3項・122条、確定給付18条3項・25条1項）。要するに、年金受給者は代議員会にその声を反映させる正式なルートを有しないのである。とすれば、認可や承認だけで受給者が規約変更に拘束されるのは明らかにおかしい。

結局ここでも、受給者が減額を受忍すべき法的義務の下にあるかどうかは、契約の中身、すなわち規約の定めとその解釈で決まることになる。つまり外部積立型制度の場合も、自社年金と同様の観点からの検討が必要なのである。

---

20) 一時金額とは、より正確には最低積立基準額相当額である。最低積立基準額とは、（受給者の場合）簡単に言えば今後の総年金支給予想額の現在価値である。

(2) 減額の法的根拠

減額の可否が契約の解釈で決まる問題であるとすれば，まず就業規則や年金規程に受給者減額の根拠となる規定があるかどうかがポイントとなろう。「場合によっては減額もありえます」というような一般的な文言の改訂条項の場合には，その合理的限定解釈がなされるべきである。

(a) 労働法的アプローチ

平成10年の幸福銀行事件判決[21]は，受給者減額の是非を就業規則の不利益変更に関する法理に類似した枠組みを用いて判断した。確かに年金受給者も元は労働者であり，年金受給権は過去の労働に対する対価として得られたものである。したがって，受給者減額も労働法の「合理性」ルールの枠内に取り込んでいく，という考え方も全く的はずれではないと言えよう[22]。

しかしやはり年金受給者の世界と労働法の世界は全く同じではない。就業規則の不利益変更が合理的な範囲内で認められるのは，長期雇用慣行の下で労働条件変更に反対する労働者を簡単に解雇できないことのいわば代償措置である[23]。ところが年金受給者については，労働条件切り下げと引き換えに守ってもらえる利益──すなわち，雇用──がもはや存在しない。にも関わらず，退職者についても同じ考え方を貫けるのか。疑問は残る。

(b) 民法的アプローチ①──事情変更の原則

受給者減額の可否を判断する基準として参考となりうる民法のルールとして，事情変更の原則がある。一般に，事情変更法理適用の要件は，①契約締結時の当事者が予見しえない事情変更であること，②当事者の責めに帰すべからざる事由に基づくこと，③契約どおりの履行を強制することが信義則に反すること，であるとされる[24]。

受給者減額をめぐる争いの多くには，その背景にいわゆる「バブル崩壊」がある。その場合①と②の要件は満たされる余地が十分にありそうである。しかし③の要件，すなわち減額を認めないことが信義則違反になるかどうかは微妙

---

21) 幸福銀行（年金減額）事件・大阪地判平10. 4. 13労判744号54頁。
22) 小西國友『労働法の基本問題〔第2版〕』（2000年）142頁以下。
23) 菅野和夫『労働法〔第6版〕』（2003年）121頁など。
24) 新版注釈民法(13)（1996年）69頁以下〔五十嵐清執筆〕。

である。契約当事者間の「公平」だけでなく，現役従業員と受給者との「公平」をも視野に入れるかどうかで結論は変わってくるであろう。[25]

(c) 民法的アプローチ②――終身定期金契約

これも未完成の試論になってしまうが，民法の終身定期金契約に関する規定も1つの手がかりになると思われる。本来の規定の意義から若干離れてしまうので類推適用ということになるが――受給者減額がどこまで許されるのかの目安として，民法691条1項を用いることができるのではないだろうか。

年金を定期的に支給するという契約を解除しようという場合には，その「元本」相当額での一時金清算によって決済するのが一応の原則である――民法691条1項の趣旨をこのようにとらえれば，それは企業年金の受給者減額のケースにもあてはまるはずである。[26] すなわち，減額の限界を画する根拠となるような規定や合意がとくに存在しないという場合には，その減額が「元本」相当額を保証するものと評価できるかどうかという観点からのチェックを行ってみるべきではないだろうか。[27]

V　おわりに――「労働条件」としての企業年金

企業年金は，要するに退職金である――その誕生の経緯からしても，実態からしても，そして労使の意識からしても。つまりそれは重要な「労働条件」である。労働条件をめぐる法的問題を扱うのが労働法である以上，企業年金が労働法の対象となるのはある意味当然である。

もちろん，企業年金の「公的年金の上乗せ」としての役割を軽視するわけではない。実際現在の政策は，企業年金の老後所得保障制度としての役割を重視

---

25) 幸福銀行（年金打切り）事件・大阪地判平12．12．20労判801号21頁は事情変更法理の適用を否定した。

26) あくまでも行政の認可・承認基準としてではあるが，実は現行の確定給付企業年金法や厚生年金基金設立認可基準も同じような考え方を採用している。すなわち，希望者に「元本」額相当を一時金で受け取るというオプションを認めることが認可・承認を得るための要件の1つとされている（確定給付則6条・13条，厚生年金基金設立認可基準3-7(5)）。

27) 「元本」額をどのように算定するかが最大の問題である。その金額はいわゆる「予定利率」をどう設定するかによって大きく変わりうる。

する方向にシフトしている。しかし少なくとも現段階では,「企業年金=退職金=労働条件」という観点に立った検討の重要性は否定できない。

　本稿ではまさにそのような検討を試みた。その結果,年金規約の性格づけ,認可・承認の法的意義など,未解決の検討課題,立法政策的な課題が数多くあることが明らかになった。残念ながら筆者の能力不足のため「宝の山」は発見できなかったが,「宝の山」が確かに存在することはわかったのではないだろうか。後に続く treasure hunters の登場を期待したい。

（もりと　ひでゆき）

「退職金」としての視点からの企業年金改革の再検討

河 合 塁

(中央大学大学院)

I　はじめに

　公的年金のスリム化が避けられない中で，近年，「公的年金の補完」あるいは「老後所得保障の柱の1つ」としての企業年金の役割に期待が高まっている。このような流れから，90年代以降，運用規制撤廃や予定利率弾力化などの規制緩和，確定給付企業年金法(以下「確給法」)・確定拠出年金法(以下「確拠法」)の制定(2001年)，さらに2004年6月の年金制度改革関連法(以下「改革法」)成立など，企業年金に関する様々な改革が進められてきている。

　少子・高齢化で公的年金のスリム化が避けられない中，それを何かで補完あるいは代替する必要性は否定できない。したがって，その役割を企業年金に求めるという方向性自体はやむをえない面があろう。

　しかし一方で，企業年金には，「退職金」あるいは「労働条件」としての性格も強く存在する。すなわち，企業「年金」といいながら，実際には一時金で受給する労働者が多いし，企業の側も従業員の老後保障というよりは，むしろ「退職給付原資の非課税・外部積立の器」としての観点から活用されている，という実態がある。沿革的にも，退職一時金の原資を移換して設けられたプラン[1]が多い。また，プランの設立や運営に関しても[2]，制度ごとにそれぞれ違いはあるものの，法制度上は事業主あるいは労使が何らかの形で重要な役割を果たすことが期待されている。このような点からすれば，企業年金には「退職金の変形物」，あるいは「実質的な労働条件」としての側面も強く存在していると

---

1) 本稿では混乱を避けるため，以下では各企業レベルで運営されている企業年金制度を「プラン」，国家の制度としての厚年基金制度や基金型制度などを「制度」として用いる。

いえる。

　企業年金を老後所得保障のツールとして考えるのであれば、企業年金のこのような側面をも十分に踏まえた上で、どのような問題を抱えているのか、どのような方策が望ましいのか、といった点を検討する必要があろう。しかしながら現在の政策は、このような視点を十分考慮せずに、ただ「企業年金による老後所得保障の実現」という方向に進んでいるように思われる。

　本稿は、このような問題を踏まえ、「退職金」あるいは「労働条件」という視点から見たときにどのような問題があるのかを再検討し、その上で、企業年金のあるべき方向性を再構成しようとするものである。具体的には、企業年金に関する論点の中でも特に労働者と関連の深い「雇用流動化への対応」および「受給権保護」の問題について、前者に関しては「ポータビリティ」、後者については「受託者責任」「プラン終了と支払保証制度」を取上げ、確定給付型の企業年金である「厚生年金基金（以下「厚年基金」）」、「適格退職年金（以下「適年」）」、基金型企業年金（以下「基金型」）、および「規約型企業年金（以下「規約型」）」、および確定拠出型の企業年金である「企業型確定拠出年金（以下「企業型年金」）」の各制度について、問題点や今後の方策を検討していく。

II　ポータビリティに関する検討

1　ポータビリティとは

　ポータビリティとは、法的定義はないが、ここでは「転職・離職時に、税制優遇の中断なしで、従来加入していたプランで積み上げてきた企業年金原資（又は受給権）を持って移動できること」と定義しておく。

　以下で述べるとおり、企業年金は公的年金と異なり、短期間で転職・離職す

---

2) この点につき、退職一時金と企業年金は別個に運営されているケースの方が多いのでは、との指摘を戴いた。確かに厚生労働省の調査（2003年11月）では、退職給付（一時金・年金）のある企業を100として、退職給付（年金）制度のみが19.6%、両制度の併用が33.9%となっている。また沿革的にも、厚生年金基金制度は当初退職一時金と別個に設けられるケースが多かったのは事実である。ただし、両制度の併用といっても、退職一時金の原資を、適格退職年金（以下「適年」）制度や厚年基金の「加算型」に移したケースが相当数含まれていると思われるので、基本的には両者の根本は同じと考えられよう。

ると，そもそも何も支給されないか，少ない一時金が支給されるのみ，という扱いが殆どである。従来から，このような実態が雇用流動化の時代にそぐわない，という批判があり，また，企業年金の老後所得保障機能を期待する立場からも，「退職ごとに一時金で受領していては，その都度費消してしまう怖れもあり老後所得保障にならない」と批判されてきた。

2　ポータビリティに関する現行制度

具体的な手段としては①転職先企業のプランに直接持込む，②第3者機関を受け皿としてその受け皿機関に（非課税で）移換する，③転職前の企業のプランに残しておく，といったものがあり[3]，現行の制度も，これらのいずれかを用いている。

(1)　確定給付型

(a)　厚年基金制度

厚年基金の場合，厚生年金の代行をベースとする「基本部分」と，そこに上乗せされている「加算部分」とで扱いが異なる。基本部分については，1ヶ月以上プランに加入していた場合，厚生年金基金連合会（以下「厚基連」）に原資が移換され，年金支給開始年齢になった際に厚基連から支給される。ただし概ね10年以上（プラン毎に異なる）加入していた場合は，厚基連に移換されず，そのプランから支給される。

加算部分については，3年以上のプラン加入員に対して少なくとも「脱退一時金」を支給することが義務付けられており（厚基令25条2項），退職者はこの一時金を受領するか，任意で厚基連に原資を移換して年金化することになる（厚年法160条の2）。なお，概ね10年〜15年以上の加算適用加入員期間がある場合には，そのプランから年金が支払われる。

このように，比較的ポータビリティは整備されているが，①脱退一時金の「額」については法令上規制がない，②加算部分に関しては，通常の退職一時金と同様，「懲戒解雇の場合には不支給とする」旨を厚年基金規約で定めておけば可能であるなど，従来の退職一時金の性格を引き継いでいる面もあり，公

---

3)　②③の場合は，将来支給開始要件を満たした段階などで受給することになる。

的年金と比べるとポータビリティは限定的である。
　(b)　適年制度
　年金受給のためには通常15〜20年の加入期間が必要で，それ以前に退職した場合には概ね一時金が支給される。ただし厚年基金と異なり，支給自体も法令上の義務ではない。また，厚基連のような通算センターに移換する仕組みはなく，関連会社間での異動など極めて限定的な場合にのみポータビリティが認められる。
　(c)　基金型・規約型制度
　厚年基金同様，脱退一時金の支給規定は存在するが，現行制度では厚年基金と異なり年金化できない。ただし，厚年基金の加入員期間がある等一定の要件を満たせば，任意で厚基連に移換し年金化することもできる（厚基令附則9条1項）。ただし脱退一時金の額や懲戒解雇時の不支給に関しては，厚年基金と同様の問題が存在する。
　(2)　確定拠出型（企業型年金）
　確定給付型と異なり，転職・離職した場合にも一時金での受領は原則できない。転職先に企業型年金がある場合はそのプランに移換し，企業型年金がない場合および離職した場合には個人型確定拠出年金に資産移換することになり，ポータビリティは強力に確保されている。
　企業型年金の場合，運営は事業主（労使）であるが，①障害や死亡の場合を

図1　新しいポータビリティのイメージ

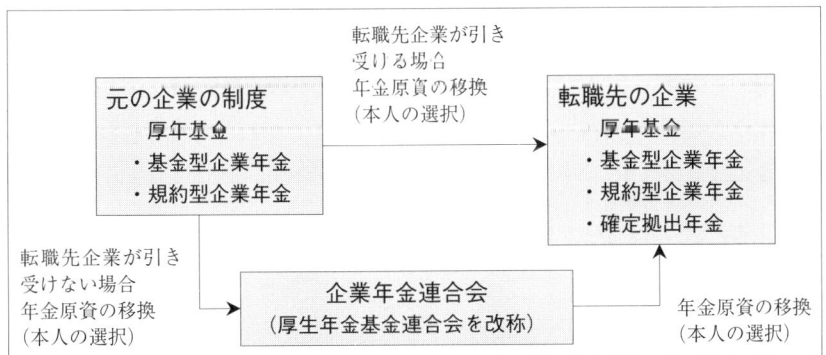

除き給付は60歳以降にしか受け取れない，②勤続3年以上の労働者については，懲戒解雇等の場合でも没収できない（確拠法3条3項10号の解釈），など，確定給付型に比べると退職金としての性格は弱められている。

(3) 改革法の中でのポータビリティ（平成17年10月～）

上記のように確定拠出型はある程度ポータビリティが確保されているが，一方で確定給付型相互（基金型と規約型間など），あるいは確定給付型から確定拠出型については未整備であった。しかし今般の改革法によって，規約で定めれば厚年基金や基金型・規約型相互間，厚年基金や基金型・規約型から企業型年金への資産移換が可能となる（転職先が受け入れない場合には，厚基連（企業年金連合会と改組）を受け皿として活用[4])。今回の措置により，短期での退職を繰り返した場合についても，労働市場からの引退時にまとめて受給することが相当程度可能となる（図1参照）。

3 課　題

今回の改革法で，企業年金のポータビリティは確かに拡充される。ただし，確定給付については「短期間で退職した場合に何も支給されない（あるいは額が低い）」「懲戒解雇時には不支給となりうる」等といった問題はそのまま残された。これらはまさに，長期勤続を優遇してきた「退職金」としての性格の名残といえよう。

しかしながら，「転職・離職による不利益」という意味では，「持ち運びができない」ことよりも「持ち運びができても，トータルの受給額が低い」ことの方がよほど労働者にとっては重要ではないだろうか。もちろん，「長期勤続者を優遇するのか，短期勤務者にも公平に処遇するのか」は，プランを設計・運営する企業側の考え方次第であり，法制度としてこの点を制限することには限

---

4) なお，厚年基金加入員が厚年基金以外のプランに移る場合，代行相当部分は従来通り元のプランに残すか厚基連に移換することとなる。

5) 退職金としての性格を払拭することは，逆に企業・労使にとっての使い勝手を悪くし，そもそもプランの採用自体をためらわせる懸念もある。例えば企業型年金の場合，老後所得保障の観点から60歳以降にしか受給できないが，従来の退職金が持っていた重要な失業時生活保障機能に鑑みれば，「失業して生活に困っても60歳まで引出せない」という制度であり，労使にとっては使いづらいという問題がある。

界があるが,このような企業年金に内在する「退職金」としての性格を残したまま,形式的なポータビリティのみを拡充しても,実質的な意味での「転職・離職による不利益の解消」「老後所得保障機能の強化」は困難といえよう。

Ⅲ　受託者責任——受給権保護の事前ツール

次に,従業員にとってもう1つの大きな問題である受給権保護についてⅢおよびⅣで検討する。受給権保護のツールとしては,給付引下げ時等の手続規定がまず思いつくが,現実にプランが傾いた場合には,いくら適正な手続きが担保されたとしても事実上泣き寝入りになりやすい。実質的な受給権保護を考える上では,そのような事態に陥る前に対処されることが最も望ましい。受託者責任とは,端的に言えば「企業年金プランの適正な運営を確保することにより,事前に受給権を保護するためのツール」なのである。

1　受託者責任とは

企業年金における受託者責任とは,プランの運営・管理等に携わる者の責任,すなわち厚年基金や基金型の理事,規約型や企業型年金の事業主,あるいは年金資産を預かって運用する運用受託機関(信託銀行・生命保険会社等)の責任を意味し,義務の中心は「注意義務」と「忠実義務」の2つであるとされるが,特に資産運用の場面において問題となる。

かつては,企業年金の運用成績が良好で,そもそもこのような責任を問う必要性自体が乏しかった上,運用方法にも様々な規制があり,基金理事や運用機関の裁量の余地が小さかったこともあって,このような概念は殆ど注目されて

---

6) 注意義務とは「職務の遂行にあたり,通常その地位にある人に期待される知識・注意をもって職務にあたるべき」義務で,忠実義務とは「受益者のため,という観点からのみ利益を追求すべきで,自分自身や第3者の利益を図ってはいけない」という義務であり,もともと信託における概念が,年金運用者や医師,企業の取締役等に派生していった概念である。なお,最高裁は取締役の忠実義務(商法254条の3)につき,善管注意義務(民法644条)を敷衍し明確化したものとして両義務を同質と捉えており,厚生労働省も年金運営者の受託者責任についてこの考えを踏襲している。

いなかったが，近年の運用環境の悪化や運用規制の緩和の中で，企業年金の運営・管理に携わる者の責任が注目されるに至ったのである。

2 受託者責任に関する現行制度

わが国では，これまで統一的な規定はなく，民法，厚年法，信託法等の法令等に散在していた。しかしながら，2001年の確給法・確拠法の制定および厚年法の改正により，各年金法において受託者責任に関する条項が一応統一的に規定された。下記では，各年金法上の規定に限定して概観する。

(1) 確定給付型

(a) 厚年基金制度

厚年基金の理事および運用機関が，「基金に対して」責任を負う（厚年法120条の2，同法136条の5）。「基金に対して」とあるが，厚年基金は加入員と事業主で構成されていることからすれば，少なくとも間接的には加入員に対しての責任と読み替えられよう。なお「受給者」は厚年基金の構成員ではないが，制度の趣旨が「加入員及び加入員であった者…の生活の安定と福祉の向上」（厚年法106条）であることからすれば，受給者に対しての責任でもあると考えられよう。

理事については利益相反行為の禁止（同法120の3）や，分散投資の努力義務（厚基令39条の15）等が定められているが，運用機関については具体的な義務は示されていない。なお理事の義務の詳細は「厚生年金基金の資産運用に係る受託者責任ガイドライン」（1997年4月1日・年発第2548号）や，法的拘束力はないものの厚基連の「受託者責任ハンドブック（理事編）」等に示されている。

義務違反があった場合，理事に関しては，是正命令や理事の解任命令，厚年基金の解散命令等の処分がある。この他，理事は厚年基金に対し連帯して損賠責任を負う（厚年法120条の2第2項）旨の規定がある。ただし運用機関に関しては，厚年法上直接ペナルティを課す規定は置かれていない。

(b) 適年制度

適年は税制上の措置であり，年金法上の制度ではないため，受託者責任に関する規定も存在しない。ただし運用機関に関しては，（他の制度でも同様だが）

信託法等の規制は当然に受ける。
　(c)　基金型制度
　基金型における受託者責任の規定は厚年基金と内容的にはほぼ同じである。やはり義務の詳細について同様の通知――「確定給付企業年金の資産運用に係る受託者責任ガイドライン」（2002年3月29日・年発第329009号）が出されている。
　(d)　規約型制度
　規約型は，適年の受け皿として新たに創設された制度であるが，確給法において受託者責任規定が置かれている点が適年と異なる。
　規約型では，事業主および運用機関が，加入者や受給者（以下「加入者等」）に対して責任を負う（確給法69条1項）。義務の内容自体は厚年基金や基金型とほぼ同じであるが，義務の相手方は直接「加入者等」とされている。
　(2)　確定拠出型（企業型年金）
　企業型年金においては，運営主体である事業主，および運営管理機関・資産管理機関それぞれが，「加入者等に対し」責任を負う（確拠法43条・44条・90条等）。
　内容としては，事業主については加入者等の個人情報の目的外利用の禁止等，運営管理機関については運用商品選定にあたっての忠実義務（同法23条），情報提供義務（同法24条）などが規定されており，「加入者自身が資産運用リスクを負う」ことを前提とした規定ぶりになっている。資産管理機関に関しては，確拠法に基づく監督や禁止行為は予定されていない。
　なお，違反があった場合には，行政による是正措置や規約承認取消（同法52条），運営管理機関に対する業務停止命令や登録抹消（同法104条）が予定されている他，運営管理機関は事業主との契約によって加入者等に対し金融商品販売法と同様の責任を引き受けなければならない（確拠令13条）。

3　課　　題

　上記の通り，一連の受託者責任規定は，「損害賠償」よりも「公法的規制を媒体とした適正性確保」に主眼を置いた規定ぶりとなっている。商法においては，取締役や委員会等設置会社の執行役について，内容は異なるもののやはり

注意義務・忠実義務を負うと解されているが（商法254条3項および同254条の3，商法特例法21条の14第7項4号および同5号），こちらが損害賠償について詳細に規定されている（商法266条1項5号，266条7項～，商法特例法21条の17～21等）のと対照的である。老後所得保障の一端を担うという意味で，公的性格が強いと考えられているためであろう。

しかしながら，企業年金が労使を基盤とした「労働条件」であることを考えれば，公法的規制だけで十分であろうか。確かに，従来の退職金の議論においては，破産法や賃確法等の事後救済はあっても，このような「運用に関する責任」という概念は無かったため，公法的規制だけでも整備されたことは一定の評価はできようが，企業年金は公的年金と異なり「労使」という小集団をベースにしており，リスク許容度が公的年金に比べて小さい上，終了（解散）リスクも高い。極端な例であるが，「基金理事の受託者責任違反があり基金解散命令が出されたため，本来もらえるべき給付がもらえなくなってしまった」ということも絶対にありえない話ではないのである。後述のように，事後救済ツールが完全であれば特に問題はないのだが，実際には事後救済ツールも必ずしも十分とはいえない。企業年金が老後所得保障制度として機能するためには，公法的規制だけでは疑問が残る。

なお，現行の厚年基金制度等では，厚年基金が理事の責任を追及するツールも一応存在するが，いわば身内である理事に対しての責任追及がどこまで期待できるかは疑問である。また，加入員や受給者の責任追及ツールもはっきりしない。規約型の場合は，法文上は加入者等が直接的に責任を追及できると思われるが，どのような形で責任追及できるのか，その効果は，といった具体的な点は不明確であり，公法的規制のみならず，これらの点は整備すべきであろう。

IV 受託者責任——受給権保護の事後ツール

受託者責任が受給権保護の「事前予防ツール」だとすれば，プラン終了の場合のセーフティネット（支払保証制度）は「事後保証ツール」である。本項では，プランの終了と支払保証制度に伴う問題を検討する。

1 企業年金プランの解散（終了）とは

企業年金の解散（適年・規約型および企業型年金の場合は「終了」であるが，以下では全て「解散」とする）とは，①各プランの任意で終了する任意解散，②母体企業倒産の場合等の自動的解散，③厚生労働大臣の命令による強制解散があるが，以下では①に限定して概観する。なお任意解散といっても，各制度ごとに代議員会決議や加入員の同意，厚生労働大臣の認可（承認）などの手続き要件を満たす必要はある[7]。

2 解散の効果

プラン解散の場合，確定給付型については原則として残余財産が加入者（厚年基金の場合は加入員）・受給者に分配され，事業主には返還されない[8]。ただし厚年基金については，厚生年金の代行をしているため，解散に際しては代行部分の給付に必要な原資（最低責任準備金）を厚基連に納付しなければならず（厚年法162条の3第1項）[9]，その上で残余財産があれば，加入者等に一時金で分配される（なお，原資を厚基連に移換し，代行相当部分と併せて年金として受け取ることも可能）。

基金型・規約型においては，従来は原則として一時金で受領するしかなかったが，今般の改革法で厚基連への移換が可能となる。なお，確定拠出型である企業型年金については，基本的には退職の場合と同じで，個人型年金の加入者または運用指図者となる。

ところで実際に問題となるのは，確定給付型で「分配された一時金が不足していた場合」である。この点厚年基金については次に述べる支払保証制度が一

---

7) 適年は法令上特に要件がないので，労働条件不利益変更の話を別にすれば基本的には自由にプランを終了（解約）できる。森戸英幸『企業年金の法と政策』（2003年）227頁参照。
8) 適年の場合は，要留保額（厚年基金等における「責任準備金」とほぼ同じ概念）を超える部分については特に制限はない。
9) 厚年基金においては，従来の制度運営では，最低責任準備金の納付がない限り基本的には解散は認可されなかったが，「最低責任準備金が納付できず，解散したくてもできない基金（代行割れ基金）」が増加し，社会問題化してきたために，今般の改革法において，このような厚年基金を「指定基金」として財政健全化を促す一方で，法改正から3年以内に限り一定要件を満たせば分割納付を認めるなどの措置が採られている。

応存在する。詳細は別稿に譲るが，特徴としては，①残余財産の分配に際し厚基連に移換した者のみが対象となる（一時金で受領した者は対象外），②保証に上限がある（全額の保証はなされない），③残余財産があまりに少ない場合や，プラン運営が杜撰であった場合などには一部減額又は不支給となりうる，といった点が挙げられる。[10]

　他の制度には支払保証制度は存在しない。基金型・規約型については，プラン終了時に不足がある場合，事業主は不足分をプランに一括拠出する義務を負っており（確給法87条），理論上は一応プラン終了時の不足はありえないこととなっているが，現実に事業主が拠出できない状況下では，規約を変更して一括拠出可能な水準まで給付を引下げて処理されることとなろう。なお，確定拠出型については，事業主の掛金滞納や資産管理機関の倒産という問題はありうるが，基本的には上記のような問題は生じない。

3　課　　題

　プラン終了に関しては様々な問題があるが，最も大きな問題は確定給付企業年金における支払保証制度のあり方であろう。支払保証制度については，受給権保護の最後の砦という評価もあるが，経済界は専ら「支払保証があることにより，杜撰なプラン運営や資産運用を招く」として，モラルハザードの観点から導入を否定している。実際，基金型・規約型においては，立法過程でこのような観点から導入が見送られたという経緯がある。この根底には，「退職金」あるいは「労働条件」という視点，すなわち「なぜ他社の退職金の面倒まで見させられるのか」ということがあるのではないだろうか。厚年基金の支払保証制度についてもこのような立場からの批判は強い。

　基金型や規約型では，「受託者責任や情報開示等で受給権保護のツールとしては十分である」との考えが根底にある。確かに，「各企業の退職金」と考えれば，「個々の企業の労使の問題であり，なぜ他社の退職金の面倒を見させられるのか」という議論は成り立つかもしれない。しかしながら，個々の企業

---

10)　なお，この制度がスタートした1989年以来，26基金から保証給付請求があり，うち14基金に対し約36億円の保証給付が支給されている。

(の労使) がいくら努力しても，解散を100%防ぐことはできない。老後所得保障機能を期待する以上は，受託者責任のような事前予防手段だけでは限界があるのである。「事業主のモラルハザード」があるから，「加入員等の受給権保護」を結び付けるというのは，退職金的な視点からであればともかく，少なくとも老後所得保障の観点からは結び付かないのではないだろうか。

V おわりに

上記の検討を通じて指摘できるのは，いかに現在の政策が，企業年金の「退職金」あるいは「労働条件」としての性格を見落としたまま，企業年金を老後所得保障に取り込もうとしているか，ということである。

といっても，こういった性格を考慮した上で，企業年金に老後所得保障を担わせることは現実には非常に難しい。もともと（力関係の対等でない）労使を基盤としている以上，完全な適正性を期待することは難しい上に，運用悪化や解散リスクも公的年金よりもはるかに大きいからである。とはいえ逆に，老後所得保障にのみ着目し，安易な規制強化で労使を規制して，退職金としての性格を完全に払拭しようとすれば，今度は「それなら企業年金など不要」として，企業がプランの運営自体から撤退してしまう懸念もある。このような中で「企業年金に公的年金の補完機能を一定程度期待せざるをえない」という現実に直面しているのが，まさに現在の企業年金なのである。

これからの方向性として考えうるのは，退職金としての性格を弱め，老後所得保障機能強化へと「誘導」する（あるいは最低限の「規制」をかける）一方で，適正な労使自治を実現し，企業年金を老後所得保障の受け皿たりうるものとすること，の2点ではないだろうか。以下で具体的に検討する。

1 老後所得保障への「誘導」と最低限の規制

まずポータビリティに関しては，日本の現状からして，長期勤続者への優遇自体を禁止することは困難であろう。退職所得控除等税制面からの誘導は可能であろうが，十分な実効性は期待しづらい。

ただし前述のとおり，現行の確定給付型では，規約で定めれば「懲戒時には不支給」とすることが可能であり，老後所得保障の役割を期待する上では大いに問題である。この点に関しては，例えば米国のように「勤続5年での受給権100％付与（受給権を奪えない）」などの規制が考えられる。こういった規制は退職金としての観点からは反発も予想されるが，だからこそその見返りとして，(老後所得保障機能を果たしている）企業年金の方がより大きな税制優遇を受けられているのである，ともいえよう。

次に受託者責任に関しては，結論的には「そもそも老後所得保障を実現するためには受託者責任だけでは不十分であり，支払保証制度が必要」と考えるが，少なくともそれが無理であれば，最低限，プランの適正性確保のために加入者等による責任追及ツールを整備すべきである。具体的には，株主による取締役の行為差止請求（商法272条），損害発生後の株主代表訴訟（商法267条）等が参考となろう。特に前者は，取締役の善管注意義務（商法254条3項）・忠実義務（商法254条の3）違反も対象と解されており，株主を加入員等，取締役を理事に置き換えて考えれば導入しやすいのではないだろうか。その他，商法上の監査役には取締役の違法行為の差止請求規定（商法275条の2第1項）などがあるが，厚年基金や基金型の「監事」については業務監査や代議員会等への意見提出しか予定されておらず，この点も整備できよう。

最後に支払保証制度に関してであるが，老後所得保障の観点からは絶対必要であることは既に述べたが，「モラルハザードをどう防ぐのか」という問題をクリアする必要がある。この点は米国の場合，受給権（正確には過去勤務に対応する分）は実質100％保護されるが，PBGC（年金給付支払保証公社）が事業主に対し求償を行うので，支払保証をあてにした不適正な運営のツケは結局事業主に跳ね返ってくるため，モラルハザードの危険は生じにくい。わが国の場合，厚基連の支払保証制度は受給権保護は不十分な上，不適正な運営のツケは加入員等が受けてしまう。求償手段を整備すること等でモラルハザードを抑制すれば，支払保証制度の導入も理解が得やすいのではないだろうか。

2　適正な労使自治の実現

　企業年金が老後所得保障の受け皿たりうるためには，上記のような規制だけでなく，企業年金プランの実際の運営が適正になされなければならない。企業年金プランの場合，運営の基盤は労使であるので，適正性の確保のためには労使自治を実質的なものにすることが必要である。

　企業年金の場合，給付引下げ等において厳格な従業員同意要件があり，また厚年基金や基金型では加入員（者）の半分が互選代議員・互選理事として入っている。これらのことからすると，少なくとも形式的なガバナンスシステムとしては，就業規則の不利益変更論でしかカバーされない通常の退職一時金制度よりは従業員の意思が反映されやすいはずであり，適正な労使自治を実現しやすいようにも見える。

　もちろん現実の企業年金プランの運営においては，実際には企業サイドの恣意性が強く，「適正な労使自治」にはほど遠い。たしかに，いくら形式的には従業員の意思が反映されやすいシステムといっても，もともと企業を基盤とした制度である以上，運営に企業の意図が強く働くのはやむをえない面はある。

　しかしながら，やや理念的ではあるが，「企業年金」の究極の目的は（適年は別にして）少なくとも法律上は「加入員（等）の生活の安定と福祉の向上」であることを考えれば，「（株式会社であれば）株主のため」を究極の目的とする「企業」とはそもそも相容れない面があり，企業年金の運営に関しては極力切り離されるべきである[11]。少なくとも企業サイドの立場のみを考慮するような不適正なプラン運営がなされないよう監視し，不適正な場合には是正しうるシステムの構築が望ましい。

　例えば，前述した加入員等による責任追及ツールの整備や，公平な立場の第3者機関によるプランの外からの適正性監視などが考えられよう。もちろん，これらだけで必ずしも十分というわけではないが，企業年金プランの運営に一

---

11)　特に規約型の場合，事業主は経営者として「株主のため」という責任を商法上求められる一方で，年金プラン運営者として「加入者等のため」という責任を確給法上求められており，法的にも明確に衝突する。厚年基金や基金型では一応「別法人」だが，企業の役職員の兼務が多く問題は同じであろう。このような制度上の矛盾は早急に整理されるべきである。

定の緊張感を持込むことができれば，不適正な運営に対する抑止効果は期待できよう。その上で，従業員代表である互選代議員・互選理事の能力・意識の向上，影響力の拡大があってこそ，ようやく実質的な労使自治の実現に近づきうるのである。少なくともこのような実質的な労使自治に裏打ちされた適正な運営が期待できない現状において，「老後所得保障」の役割を企業年金に期待するのはあまりにも重荷であるし，また大きな危険をはらんでいるのである。

(かわい　るい)

シンポジウムⅡ
企業間ネットワークと労働法

シンポジウムの趣旨と総括 　　　　　　　　　　　　　　　　　　　奥田香子
企業間ネットワークと雇用責任
　　　──労働関係における法人格否認の法理の再検討── 　　　本久洋一
企業間ネットワークにおける「使用者の責任」の分配
　　　──業務請負形態における労働保護法上の責任論── 　　　中内　哲
支配企業に対する従属会社労働者の団交アプローチ 　　　　　　　紺屋博昭

＜シンポジウムⅡ＞

シンポジウムの趣旨と総括

奥 田 香 子
(京都府立大学)

Ⅰ　シンポジウムの趣旨

　近年の企業組織の変容ないし企業間関係の複雑化は，企業組織再編や事業の外部化に関わる法政策の展開によってますます進行し，労働法の領域にさまざまな問題を投げかけている。そこでは，「企業組織」という対象のとらえ方が，複数の事業場を有する一企業という像から，中核となる企業を中心に独立した複数の企業が結合する像に発展・拡大しており，法人格によって画される「企業」という枠を超えた企業間関係を視野に入れることが必要になっている[1]。また，企業間の継続的な関係は，資本・財産や人的交流による結びつきのみならず，業務委託（請負）契約に基づいて他企業の事業を利用するという契約関係による結びつきをも含めてとらえる必要が生じている。実際，複雑な企業間関係を反映するように，責任主体について形式面と実態面とで乖離が生じ，労働法上の使用者の責任を実効的に確保しえないと思われるような事案が問題になっている。

　こうした問題関心から，今回のシンポジウムでは，これまでの学会の成果を[2]踏まえつつ，複雑化した企業組織ないし企業間関係において「誰が使用者とし

---

1)　こうした分析は，石田眞「歴史の中の『企業組織と労働法』——企業組織の変容と労働法」日本労働法学会誌97号（2001年）153頁等において指摘されている。
2)　日本労働法学会においてはこれまでにも，営業譲渡と労働関係〔第97回大会・1999年〕（日本労働法学会誌94号76頁以下），企業組織と労働法〔第100回大会・2000年〕（日本労働法学会誌97号118頁以下），契約労働をめぐる法的諸問題〔第105回大会・2003年〕（日本労働法学会誌102号101頁以下）などのテーマが取り上げられ，活発な議論が展開されてきた。

ての責任主体となるのか」＝「使用者性」という問題に焦点をあてて検討を試みた。報告グループでは，最近の具体的な裁判例を念頭に置きつつ，これまでの労働法制・法理の意義と限界を踏まえ，複数企業間において使用者の義務・責任の実効的な履行を保障するためにはどのような可能性があるのかを再検討しようとしたものである。

II 各報告の検討視角——「企業間ネットワーク」と基本モデル

各報告では，「企業間ネットワーク」という概念が検討視角として用いられたが，その意図は主として次の点にある。第１に，一方の企業の法人格が形骸化しているような場合ではなく，関係する企業のそれぞれが独立した法人格および事業体としての実体を有する場合に注目するということである。第２に，「契約による」企業間関係において支配力が行使されている場合を射程に入れる必要があると考えたことである。従来の「企業グループ」概念においては，どちらかといえば「資本による結びつき」を表示していたと思われることから，契約による結びつきに注目して「ネットワーク」をとらえようとしたものである。

このように「企業間ネットワーク」概念を用いたとしても，実際の像はきわめて多様なものであるため，シンポジウムにおける論点を明確にするために基本モデルを設定した。すなわち，Ａ企業とＢ企業という２つの企業とＢ企業の従業員であるＸという３当事者の関係を想定したモデルである。その場合，①ＡＢの企業間には事実上支配力が行使されるケースを含めた「支配―従属」の関係があり（Ａが支配的企業でＢが従属的企業），②ＢとＢの従業員Ｘは労働契約関係にある，という関係を主たる対象モデルとした。

III 討論の概要

報告は３本から構成され，従属的企業の従業員に対する支配的企業の使用者としての責任を，①雇用の終了という場面での雇用責任（本久報告），②契約継

続中の労働保護法上の使用者の責任（中内報告），③団体交渉責任（紺屋報告）の３つの側面から検討した。

報告内容は各論文を参照いただくこととし，以下では，各報告に対する質疑応答の概要を主な論点ごとに整理する。

1　本久報告について

本久報告については，①「雇用責任」のとらえ方，②支配企業の責任を承継論で根拠づけること，③支配力の「不当行使」の判断，が主たる論点になった。①については，和田肇会員（名古屋大学）から，本久会員が労働契約承継の問題として論じる「雇用責任」とは何かという趣旨の質問がなされ，本久会員からは，「雇用責任」を雇用喪失に伴う金銭賠償等を含めた責任としてとらえなおす点に主眼があり，雇用の承継よりも広くとらえていると回答された。また，雇用責任に含まれる「得べかりし賃金」の賠償は雇用契約上の地位に伴うものか（和田会員）という問いに対し，支配企業による従属企業労働者の契約侵害であるので雇用契約上の地位に伴うものであると回答された。②については，鎌田耕一会員（流通経済大学）から，支配力の不当行使事案の場合，労働法上の規範を実質的に回避する第三者（ユーザーである企業）に対してその規範をどう適用するかという規範目的との関連があるので，支配企業に対する法律回避のサンクションとしての雇用請求権（締約強制）という問題になるのではないかとの意見が出された。これに対し，本久会員からは，脱法行為からストレートに労働契約の引き受けにつなげるのは限界があり，この２つをリンクさせるためには何らかの正当化根拠が必要であるとの見解が示された。③については，松下守男会員（介護士）から，支配企業が自己企業の余剰人員に仕事を作るために従属企業を切ったという場合でみると，支配力の不当行使事案という場合の「不当行使」とは，支配企業が従属企業を一方的に切ったことがこれに当たるのか，あるいは不当にそれを行ったという不当性評価の問題であるのか，という質問が出された。これに関しては，後者，すなわち不当性の評価の問題であり，その場合には，競争秩序という観点から経済的合理性を欠くことと，従属会社労働者の団結権侵害を目的としていることが考慮されるとの回答がなさ

シンポジウムⅡ　企業間ネットワークと労働法

れた。

2　中内報告について

中内報告については，①労基法第10条にいう使用者概念の柔軟化，②労働保護法上の責任の具体的内容，が主たる論点になったほか，従来の議論の理解等について若干の疑問がだされた。①については，契約責任のみでなく罰則適用と関係している場合があるので簡単に柔軟化とはいえないと思われるが，柔軟化する場合の「明確な」判断基準はどうなるのか（和田会員），柔軟化という方向は考えられるが使い分けは実際にはむずかしいのではないか（鎌田会員），という質問や意見が出された。これに対し，中内会員からは，一企業内における使用者の特定においても明確な基準は存在せず，事例に照らして実質的に権限を持つ者が責任主体になると考えられてきたのであるから，複数企業間の場合でも同様の判断でよいと考えていると回答された。②については，島田陽一会員（早稲田大学）から，具体的内容が不明確であるという意見とともに，労働保護法上の責任はどのような場合でも同じであるかという質問が出された。中内会員からは，労基法10条に該当するとすればすべての労基法上の責任を負うというのではないこと，すなわち，何らかの指揮命令は，業務内容・仕事内容を特定する命令と，具体的にどのように進めるかを指示する命令という2つの命令に分かれ，労基法上の責任は後者の労務の履行の問題であることが説明された。

このほか，業務請負契約における支配企業の使用者の責任に関し，従来は支配企業が使用者の責任を負わないと考えられてきたと説明する中内会員と，実態を見て実質的な特別の接触関係に入った場合には使用者の責任を負わせるという柔軟な対応を学説も判例も行ってきたのではないかというフロアからの指摘（和田会員など）との間に理解の相違が見られた。また，労働者派遣法のみなし規定などは違法派遣の場合にも該当するという提案につき，萬井隆令会員（龍谷大学）からその根拠についての確認の質問が出されたのを受けて，中内会員からは，違法派遣からストレートに労働契約上の使用者責任になるとは解しがたいとの判断に基づく解釈であるとの説明が加えられた。

3 紺屋報告について

紺屋報告については，主として団交アプローチの根拠および内容についての質問が出された。和田会員からは，労働条件決定への関与が一部認められればネットワークの一員として団交に同席させるというのであれば，労組法7条2号ではなく6条の問題ではないかとの疑問がだされた。紺屋会員からは，使用者性が認められるという意味において7条2号の問題と考えるべきであるとの回答がなされたが，その場合にどのような救済命令が出されるのかなど若干の疑問点が残された。また，萬井会員からは，従来は労働関係に対する影響力に着目して「労働関係」を介して使用者概念を拡大してきたことからすると，紺屋報告のようにこれを抜きに下請という点のみで団交アプローチを展開することができるかという疑問が示された。

このほか，根本到会員（神戸大学）からは，朝日放送事件最高裁判決のいわゆる「決定説」が下請・派遣の事案での基準であったとすれば，親子会社的事案の場合には違う基準が必要ではないかとの指摘があり，紺屋会員からは，朝日放送事件の個別性には注意すべきであり，親子会社事案ではより一般的な基準で行うべきとの考えが示された。

Ⅳ　シンポジウムの成果と課題

報告グループでは，活発な討論が期待されるミニシンポジウムの意義に鑑み，各報告者がそれぞれの課題について問題解決の方向性を試論的に提示するようにした。このことから，一方では，細部を詰め切れなかった点があったり，議論の整理についてフロアとの間に見解の相違が見られるなどいくつかの問題も残された。しかしながら，他方で，質問や意見は報告者が提示した試論に関するものが多く，そのことを通じて，今後さらに検討を深めるべき課題がより明確になったこともたしかである（「雇用責任」の内容および規範的根拠，労働保護法上の規定に関する解釈の限界と解釈基準，団体交渉の多様性と法的根拠，など）。

全体を通じては，つぎの2点を今後の検討課題として指摘することができるだろう。第1に，出向等の企業間移動に関する法理との関係づけをどのように

整理・発展させるかという点である。企業間移動については今回の報告で検討対象から除外していたが，質疑応答においても出向に関する質問がいくつか寄せられた。第2に，関連法領域における議論をどのように摂取・検討していくかという点である。労働法学においては近年，民法学の新たな議論が注目されているが，同様に，企業組織に関わる諸問題については（たとえば本久報告で競争秩序がとりあげられたように）商法学等の議論状況もさらに注目されるところである。

（おくだ　かおこ）

企業間ネットワークと雇用責任
――労働関係における法人格否認の法理の再検討――

本 久 洋 一

(小樽商科大学)

I はじめに――大阪空港事業(関西航業)事件を契機として

　支配企業がその事実上の支配力によって従属会社を事業閉鎖なり解散に追い込んだ場合に，従属会社労働者の雇用の帰趨に対して支配企業は，何らかの責任を負うことがあるのか，あるとすれば，その根拠規範・要件・効果(責任内容)は何か。本稿は，右の問いを従属会社労働者に対する支配企業の「雇用責任」問題と呼んで，その解明には何を考えなくてはならないかを序説的に検討するものである。本稿では，一企業(会社法人に限定されない)が他の会社を一方的に事業閉鎖なり解散に追い込むことができる事実上の支配力をもつ場合に，一方を「支配企業」，他方を「従属会社」と呼ぶ。この定義によると，株式や持分の所有を通しての支配のみならず，営業財産の保有，専属的下請関係などの取引上の優越的地位に基づく支配もまた，他方の会社を「潰す」力を基礎づける場合には，支配企業を構成する。以下，本稿では，支配企業(A)・従属会社(B)・従属会社労働者(X)の三者関係において(AX間における使用従属関係の有無は問題にしない)，Aの第二従属会社(C)が存在する場合をも含め，AがB・Cの支配株主または専属的下請関係における親事業者(業務委託者)である場合を考察のモデルとして，対象を限定する。

　本稿の考察は，大阪空港事業(関西航業)事件を契機としている。本件は，Aと専属的下請の関係にあるBが，Aによる注文量の削減，業務委託の解約，債務保証の打切り等により，事業閉鎖・解散に追い込まれたところ，Bの労働者XらがAに対して雇用請求をなしたものである。一二審ともに(大阪高判平

15年1月30日労判845号5頁,大阪地判平12年9月20日労判792号26頁),Xらの請求を認めず,最高裁も上告不受理の決定をなした。本件が問題であるのは,AがBに対して「事実上大きな影響力を行使することができ」たこと,本件業務委託の解約が「経済的合理性に乏しく」「労組の弱体化を図ることをも目的として実施した」ことが認定されているにもかかわらず,AB間に資本関係または役員派遣などの人的関係がないということから,法人格否認の法理等に基づくXらの請求が退けられたことである。Xらに対する団結権保護や差別禁止などの基本権保護はAには及ばないのか。Xらの雇用保護についてAには何の責任もないのか。本件では,Bの仕事を他の専属下請であるCへ移管するというAの不利益指図が認められるが,Bが行ってきた仕事がなくなるわけではないのに,Xらが雇用を失うことをどう評価するか。そもそも本件のような事案に法人格否認の法理が適当か。

本稿は,右のような問い(雇用責任問題)の解明のために,具体的には,労働関係における判例上の法人格否認の法理を検討対象とする[1]。法人格否認の法理をとくに取り上げる趣旨は,企業間のネットワーク状況における労働法的規律について[2],法人格の異別をいかに越えるかが最も基本的な問題と考えるからである。

II 労働関係における判例上の法人格否認の法理

1 問題の所在

法人格否認の法理の適用が争われた事案において,裁判例に変遷が見られるのは,前記の大阪空港事業(関西航業)事件のように,Aの支配力行使によってBが事業閉鎖なり解散に追い込まれたこと,組合壊滅目的等の違法目的によ

---

[1] 先行研究として,西谷敏「会社解散・雇用と法人格否認の法理」法学雑誌32巻1号154頁(1985年),和田肇「労働契約における使用者概念の拡張」『現代株式会社法の課題〔北澤還暦〕』(1986年,有斐閣)241頁,鎌田耕一「ドイツ労働法における使用者責任の拡張」法学新報100巻2号215頁(1993年),中島正雄「不当労働行為における使用者責任」労旬1564号4頁(2003年)等。

[2] 「企業間ネットワーク」概念については,本誌前掲・奥田論文参照。

って支配力行使がなされたことは明らかであるが，会社法人格の観点から見てBがAの一部署と同視できるほどには形骸化していない事案類型である（後述の「支配力の不当行使事案」）。これに対して，BがAの一部門と実質的に同視できるような場合（後述の「形骸化事案」）やB解散後，Bと「会社の実質的同一性」が認められるCが設立されたような場合（後述の「偽装解散事案」）においては，判例上の基準，結論ともに安定している。そこで，以下では，なぜ支配力の不当行使事案において法人格否認の法理の適用が問題になるのかの解明を目的として，事案類型毎の判例法理の分析・比較を試みる。なお後述のように，判例上の「形骸化」や「実質的同一性」の判断基準は，事案類型の基準に用いても差し支えないほど，構成要素が客観化されている。

2 事案類型の三類型

一口に法人格否認の法理といっても，事案類型によって判断枠組みには，はっきりとした違いが見て取れる。

(1) 形骸化事案

判例上，BがAの一部門と実質的に同視できるような場合には，Aの支配力行使によってBが解散しても，法人格形骸化による法人格否認の法理の適用によって，AX間の労働契約の存在が認められてきた（B解散を理由とする解雇は，Bの形骸化を理由に無効とされる）[3]。要件は厳格であり，AB間に資本関係があり，役員も共通であって，財産・計算・業務の混同が見られることが求められる[4]。本稿では，右のような事案を「形骸化事案」と呼ぶ。形骸化事案は，Bの法人格の形骸化を根拠に，AX間の労働契約を認めるものであるから，そもそものはじめからAこそがXの労働契約の当事者であると解釈できる事案と見ることができる。形骸化事案におけるAによるXの労働契約引受けの実質的根拠は，労働契約の当事者の客観的合理的確定（当事者性）にあり，Bの法人格の否認という構成によらなくても，当事者の客観的合理的解釈という構成によって同

---

3) 昭和44年2月27日最高裁第一小法廷判決民集23巻2号511頁参照。
4) 川岸工業事件昭和45年3月26日仙台地裁判決労民集21巻2号330頁（賃金請求），盛岡市農協事件昭和60年7月26日盛岡地裁判決労判461号50頁，黒川建設事件平成13年7月25日東京地裁判決労判813号15頁（退職金請求）。

じ結論を得ることができると考える。

(2) 偽装解散事案

判例上，Aが労働法上の責任を免れる目的でBを解散させて（真実解散であっても，判例上「偽装解散」と呼ばれる），それと実質的に同一のC（第二従属会社）でその事業を再開継続させるような場合には，法人格濫用による法人格否認の法理[5]の適用によって，不当労働行為禁止および整理解雇法理の潜脱禁止の観点から，CX間の労働契約の存在が認められてきた（Bによる解雇は，不当労働行為または解雇権濫用として，無効とされる[6]）。判例上の要件は厳格であり，株主及び資本金，役員，本店所在地，営業内容，主要取引先及び顧客，会社の資産，従業員等の会社の諸要素のほぼ全般にわたっての同一性がBC間に求められる（「会社の実質的同一性」）。本稿では，このような事案を「偽装解散事案」と呼ぶ。偽装解散事案におけるCによるXの労働契約の引受けの実質的根拠を考えると，問題となっているのはBの法人格の否認（及び背後者たるAへの責任追求）ではなく，Xの労働契約上の権利実現のための責任基礎であるBの営業を承継したCへの責任追求にあることが分かる。その意味で，裁判例のいう「会社の実質的同一性」とは，BC間において従業員も含め営業の承継がなされた事態を指すものと解釈することも可能と考える。実際，上記の適用要件を満たすような事案であれば，BによるXの解雇が無ければ，BC間の営業譲渡に伴いXの労働契約もまたCに承継されていたものとして，CによるXの労働契約の引受けを導き出すことができる（後述Ⅲ3(1)）。

(3) 支配力の不当行使事案

Aの支配力行使によって事業閉鎖なり解散に追い込まれたBの労働者Xが，その支配力行使の違法性（団結権侵害目的等）および従属会社に対する支配の包括的性格を主張して，Aに雇用請求をなす事案類型がある[7]。Bが実質的にAの

---

[5] 昭和48年10月26日最高裁第二小法廷判決民集27巻9号1240頁参照。

[6] 宣広事件昭和50年10月9日札幌地裁決定判時800号105頁，宝塚映像事件昭和59年10月3日神戸地裁伊丹支部決定労判441号27頁，新関西通信システムズ事件平成6年8月5日大阪地裁決定労判668号48頁。

[7] 注8)乃至11)掲記のほか，阿部写真郡山事件昭和49年11月18日福島地裁決定労民集25巻6号520頁，中本商事事件昭和54年9月21日神戸地裁決定判時955号118頁等。

一部門と同視できるほど形骸化しているわけではない点,およびCにおいてBの事業が継続している場合であっても,Aに対して雇用請求がなされる点に,前記二類型に比べての事案類型としての特徴がある。本稿では,この類型を「支配力の不当行使事案」と呼ぶ。判例上,支配力の不当行使事案は,法人格濫用による法人格否認の法理の適用をめぐって争われることが多いが,「支配の要件」は,形骸化事案におけるような会社の諸要素の「混同」でもなく,偽装解散事案におけるような「会社の実質的同一性」でもなく,資本関係を前提とした,AによるBに対する「企業活動の現実的統一的支配」から判断されている。「経済的社会的単一性」という概念が裁判例において用いられているのは,支配力の不当行使事案では,他の類型とは異なり,「会社」の実質的同一性が認められないことの裏返しである。

　問題は,支配力の不当行使事案においては,形骸化事案と異なり,ABの実質的同一性を根拠とすることができないので,AによるXの労働契約の引受けの正当化に苦慮することである。初期の裁判例には,違法な目的でBを廃業に追い込んだAがXの雇用を引き受けないと「正義,衡平の観念に反し,極めて不当」ということに,すなわち不当労働行為禁止の実質化にAへの雇用請求の規範的根拠を求めるものもあった。これに対し,最近の裁判例は,法人格否認の法理の適用は認めても雇用請求は認めないものしか見当たらない。こうした裁判例の変遷の背景には,会社の実質的同一性が認められない場合に,支配力の不当行使それ自体から労働契約引受けの効果を導き出すことが理論的に困難であることがあると考える。

---

8) 一森はか事件平成11年7月28日大阪地裁判決労判776号82頁,藤川運輸倉庫事件平成12年4月18日東京地裁決定労判793号86頁,第一交通産業(佐野第一交通)事件平成15年9月10日大阪地裁岸和田支部決定労判861号11頁。
9) 但し,大阪空港事業(関西航業)事件大阪高裁判決(前掲)は,AB間に資本関係がない場合に法人格否認の法理が適用される場合を示唆するものと読むこともできる(拙稿「下請労働者と元請との労働契約関係の存否」法セミ2004年9月号参照)。
10) 徳島船井電機事件昭和50年7月23日徳島地裁判決労民集26巻4号580頁。
11) 布施自動車教習所事件昭和59年3月30日大阪高裁判決判時1122号164頁(原審,大阪地裁昭和57年7月30日決定判時1058号129頁)以降,支配企業への雇用請求(地位保全申立)の認容例が見当たらない。

Ⅲ 従属会社労働者に対する支配企業の雇用責任（支配力の不当行使事案における）

1 問題の所在

支配力の不当行使事案において，判例上の法人格否認の法理が暗礁に乗り上げていることは，前述の通りである。

学説上，支配力の不当行使事案に対する法人格濫用による法人格否認の法理の適用に関しては，支配力行使の違法性（「目的の要件」）が重大な場合には，ＡＢ間の実質的同一性の要件（「支配の要件」）の判断基準は一定程度緩和されるというかたちで，両要件は相関的に判断すべきことが主張されている[12]。この見解は，法人格否認の法理という枠組みを前提に，ぎりぎりの解釈論的可能性を追求するものとして高く評価すべきである。

しかし，本稿の視角からは，支配力の不当行使事案を法人格否認の法理という枠組みで処理するという前提自体を問題とせざるをえない。実際，問われるべきは，どのような場合に従属会社の法人格が否認されるべきかではなく，支配企業は従属会社労働者の雇用の帰趨に対して，どのような場合にどのような責任を負うかということではないか（雇用責任問題）。支配企業による労働契約の引受けの効果を導き出すことができる法理構成は，法人格否認の法理に限定されないし，また，支配企業の雇用責任は，労働契約の引受けに限られるものではない。さらに，支配力の不当行使事案については，常にＡによるＸの労働契約の引受けを求めるという行き方が実際上も適当かを問わざるをえない。以下，判例上の法人格否認の法理の分析をてがかりに，支配企業の雇用責任について，その構築のプランを示す。

2 支配企業の雇用責任の諸要素

支配企業の雇用責任の内容を確定するに際しては，法人格否認の法理という革袋のなかに一緒くたに詰め込まれた支配企業の責任の諸要素について，そのそれぞれの規範的根拠を分析する必要がある。雇用責任の諸要素の分析にあた

---

[12] 西谷・前掲注1）論文165頁参照。

って法人格否認の法理に関する裁判例を参照するのは，現在に至るまで判例上の法人格否認の法理こそが，支配企業の雇用責任が争われる主要な枠組みであるからである。要件を分析した前章とは逆に，主文すなわち効果という側面から法人格否認の法理に関する労働判例を見ると，一口に法人格否認といってもその効果は多様であり，決して労働契約の引受けばかりではないことが分かる。賃金支払いを命ずる主文も，その内容は様々であり，支配企業に賃金の継続的支払いが命じられる場合には，雇用喪失の金銭的補償の意味合いが強くなるが，支配企業に対して解雇・解散時までの賃金について従属会社と連帯して支払いを命じるに止まる場合には，賃金債権の確保という意味合いが強くなる。また，裁判例では，支配企業による再就職あっせん等の雇用保障に関する行為義務も，主に協約の解釈というかたちで，問われてきた。以上のように，法人格否認の法理の適用が争われた事件を，その現実的機能に注目して分析すると，労働契約の引受け，雇用喪失の金銭的補償，賃金債権の確保および再就職あっせんの少なくとも4つの要素を得る。

3 支配企業の雇用責任のアウトライン

以下，前項で得た雇用責任の諸要素のそれぞれについて，その規範的根拠および適切な法律構成を探求していく。但し，賃金債権の確保については，結合企業における倒産法的規律等，雇用責任問題の埒外にある検討課題を多く含んでいるので，本稿では扱わない。また，再就職あっせんについては，今後の課題としておわりに触れる。

(1) 労働契約の引受け

前章で示したように，形骸化事案および偽装解散事案は，いずれも法人格否認の法理によらなければ労働契約の引受けの効果を導き出しえないものではなく，それぞれ労働契約の当事者の客観的合理的確定，営業譲渡に伴う労働契約承継の法理によって代替が可能であった。本稿は，支配力の不当行使事案における労働契約引受けの実質的根拠は，形骸化事案のように当事者性に拠ることができない以上，偽装解散事案と同様に，Bの事業の引受けに求めるべきだと考える。この場合，事業の引受け先がAではなくCであれば，Cに雇用請求を

なすほかない[13]。またBの事業が終局的に廃止される場合には，Xは誰に対しても労働契約の引受けを求めることができない。これらの点については，次のように考える。団結権侵害といった支配力行使の違法性それ自体がAによるXの労働契約引受けの根拠となると解することは困難である。またBの事業を引き継いでいないAに対してXの労働契約を引受けさせることよって，Aによる金銭補償（契約解消に伴う和解金）や関連会社への再就職のあっせんなどの現実的帰結を予期する行き方よりも，金銭補償や再就職あっせんといった雇用責任の各要素を明確に位置づける行き方が正当だろう。

営業譲渡に伴う労働契約承継の制度は，わが国では判例上の解決に止まるものであり，EU諸国のように立法まで至っていない[14]。しかし，法人格否認の法理の適用は否定しながらも，営業譲渡に伴う労働契約の承継を認めて雇用請求を認容した裁判例（AがBの事業を引き受けた事案[15]）に表われているように，「営業」の同一性を要件とする営業譲渡に伴う労働契約承継の法理は，「会社」の実質的同一性を要件とする法人格否認の法理よりも柔軟である。営業譲渡に伴う労働契約承継の法制化は，支配企業の雇用責任問題の正常化の第一歩であって，判例上の法人格否認の法理で足りるとする立法不要論は問題設定が転倒している[16]。

(2) 雇用喪失の金銭補償

支配力の不当行使事案の問題性は，他方の会社法人格との実質的同一性を問う法人格否認の法理における「支配の要件」と，他方の会社を事業閉鎖なり解散に追い込むことができる「事実上の支配力」とが次元を異にするところにある。Aは，Bの資本構成や業務指揮を支配することはできなくても，Bを「潰

---

13) 大阪空港事業（関西航業）事件は，BからCへの事業移管が営業譲渡性を有するとすれば，Cへの雇用請求をも救済手段として考えられただろう。
14) 武井寛「営業譲渡と労働関係」日本労働法学会誌94号111頁（1999年），拙稿「営業移転と労働関係」『企業組織等の再編に伴う労働者保護法制に関する調査研究報告書』（2000年，連合総合生活開発研究所）13頁。萬井隆令「企業組織の変動と労働契約関係」労旬1527号54頁（2002年）参照。
15) タジマヤ事件平成11年12月8日大阪地裁判決労判777号25頁等。
16) 拙稿「営業譲渡に際しての労働契約の帰趨に関する立法の要否について」労旬1550号6頁（2003年）参照。

す」ことはできる場合がある。この事実上の支配力が違法な態様・目的で行使された場合、その責任を問う枠組みとしては、不法行為構成こそ適当と考える。裁判例は少ないが、法人格否認の法理の適用は否定しながらも、AのBに対する一連の行為（解散も含む）をXに対する不当労働行為と評価して、AのXに対する賃金債権侵害の不法行為責任を肯定した例がある[17]。これは、Xに対する基本権侵害を目的とするAのBに対する事実上の支配力行使を、AのXに対する契約侵害と捉える構成を示唆するものである。但し、第三者による契約侵害に関する判例状況[18]に照すと、Aが団結権侵害などの公序に反する目的・態様で、Xの労働契約を侵害することを意図して、Bに対する事実上の支配力を行使すること（故意行為であること）が必要である。また、得べかりし賃金の損害賠償法理は判例上まだまだ発展の途上にあるが、これを認めることにより、不法行為構成によっても雇用喪失の不利益を一部回復することが可能になる[19]。

例えば、大阪空港事業（関西航業）事件は、AのBに対する支配力行使は業務委託の解除に止まるものではないが、当該解除については、経済的合理性（やむをえない事由）の存在が疑問視され[20]、Xらに対する団結権侵害意図が認められているのであるから、AのXに対する契約侵害の不法行為として構成すべき事案である。

以上、支配企業の雇用責任の諸要素のうち、とくに労働契約の引受けと雇用喪失の金銭補償についてアウトラインを示した。それぞれの規範的正当化および裁判規範としての実用化の詳細については、紙幅の関係上、現在準備中の別稿に譲らざるをえない。

---

17) 池本興業・中央生コン事件平成3年3月29日高知地裁判決労判613号77頁。
18) 吉田邦彦『債権侵害論再考』（1991年、有斐閣）561頁以下参照。
19) 得べかりし賃金の損害賠償の規範的正当化については、拙稿「違法解雇の効果」日本労働法学会編『講座21世紀の労働法第4巻』（2000年、有斐閣）196頁参照。
20) 現在の裁判例では、「やむをえない事由」がない継続的取引の解約は濫用として、無効とする、あるいは損害賠償を命じる裁判例が数多くある。中田裕康『継続的売買の解消』（1994年、有斐閣）、同『継続的取引の研究』（2001年、有斐閣）、上山徹「継続的売買契約の解消に関する一考察」北大法学研究科ジュニア・リサーチ・ジャーナル5号1頁（1998年）等参照。

Ⅳ 今後の課題——おわりにかえて

　今後の課題としては，支配企業の従属会社労働者に対する故意なり害意が明らかではない場合について考える必要がある。例えば，経営上の理由に基づくAの不利益指図によって，Bが潰されて，その事業が大幅に縮小されたかたちでCに引き継がれた場合，今まで述べてきた，営業譲渡に伴う労働契約の承継法理でも契約侵害の不法行為構成でも対応できない。事業の引受けや公序良俗違反といった特別の原因なしに，あるいは協約上の協議義務条項といった特別の約定なしに，一般的に，従属会社労働者の雇用継続の利益に対する支配企業の配慮義務なり注意義務なりを立てることができるかという問題である。具体的には，支配企業の従属会社労働者に対する再就職あっせん・協議等の行為義務が問題になるが，この点についてもまた，今後の研究課題としたい。

（もとひさ　よういち）

＃ 企業間ネットワークにおける「使用者の責任」の分配
——業務請負形態における労働保護法上の責任論——

中 内　　哲

(北九州市立大学)

I　はじめに——問題の所在と本稿の課題

　企業間ネットワークにおいては，「労働者」，これを雇用する「従属企業」，同企業に対して資本・役員関係，あるいは，取引関係を通じて絶対的優位にある「支配企業」，以上 3 者が当事者として登場する[1]。ここでの労働契約関係は，直接かつ明示的には労働者と従属企業との間に存在するから，労働者に対する労働法上の責任は原則として従属企業が負担する，ということに疑いはない[2]。では，使用者たる同企業に対して，事実上，生殺与奪の権を握っている支配企業は，当該労働者との関係で労働（契約または保護）法上の責任を負うことはないのか。これが本稿の問題関心の端緒である[3]。

　企業間ネットワーク 3 当事者関係が，①出向[4]，②労働者派遣，③業務請負[5]，いずれに該当するかを判定することによって，上記の問いに対するひとまずの解が得られる。それは，①～③に関する従来の一般的理解に従えば，次のように説明できる。すなわち，支配企業は，当該 3 当事者関係が①に該当する場合，

---

1) 「企業間ネットワーク」や「支配企業」「従属企業」の解説については，本誌前掲奥田論文および本久論文を参照されたい。大阪空港事業（関西航業）事件・大阪高判平15.1.30労判845号5頁に現れた当事者関係（支配企業：被告 Y 会社，従属企業：訴外 A 会社，労働者：A 会社に雇用されていた原告 X ら）が，当該ネットワークに関する近時の具体例として参考になる。
2) 本稿では，従属企業が法的な実体を有するものと想定する。いわゆる「実質的同一性」の理論や法人格否認の法理が援用される等により，同企業に法的な実体がないと判断される場合には，労働者と支配企業との間に直接の労働契約関係の存在が認められよう。
3) 労働団体法分野，とくに団交に関する問題については，本誌後掲紺屋論文が考察しているので，あわせて参照されたい。

労働契約上の責任と労働保護法上の責任の双方を（全てではないにせよ）負い，②では，基本的に労働契約上の責任を負わず（労働者派遣法2条1号），同法に基づいて労働保護法上の責任の一部を負担し（44条～47条の2），③であれば，いずれの責任も引き受ける必要がない，と。[6]

しかしながら，企業実務において具体的に現れる3当事者関係は，およそ多様であり，前述の各類型の1つに必ずしも一致するとは限らない。とくに，当事者間の取決め（当事者意思）の段階では③業務請負が選択されながら，運用段階になると当該取決めがその通りに実行されていないという実態が法的に問題視され，しばしば指摘されてきたことは周知の通りである。[7]

企業間ネットワークの支配・従属両企業間で業務請負契約が締結されたにもかかわらず，上述のような当事者意思と実態との乖離が現出した場合，このことは，前記説明とは異なり，労働者に対する労働（契約または保護）法上の責任を支配企業に生ぜしめないか。本稿は，具体的には，かかる論点，中でも，当該企業の労働保護法上の責任の有無に注目して検討する。

4） 出向に関する最近の実証的研究に，稲上毅『企業グループ経営と出向転籍慣行』（東京大学出版会，2003年），その法理論的研究として，高島良一『出向・転籍の研究』（信山社，2003年）がある。ちなみに，出向に関する法令上の定義をたどると，それは，雇用安定事業（雇用保険法62条1項1号）に基づく雇用調整助成金の支給基準たる同法施行規則102条の3第1項第2号に「［労働者が］失業することなく他の事業主に雇い入れられること」（同号イ(1)(ⅰ)）とある。

5） 業務請負に関する近時の詳細な研究に，鎌田耕一編著『契約労働の研究』（多賀出版，2001年）がある。とくに本稿との関係では，第3章第4節（165-192頁）［鎌田耕一執筆］を参照されたい。なお，本稿における業務請負の法的意義については，鎌田耕一「委託労働者・請負労働者の法的地位と保護」労研526号（2004年）56頁（とくに57頁）を参考にしている。

6） 菅野和夫『労働法［第6版］』（弘文堂，2003年）100頁，安西愈『新・労働者派遣法の法律実務』（総合労働研究所，2000年）37-38頁等参照。もっとも，支配企業が，法令で特定された事業（建設業等）を営んでいる場合には，③業務請負であれ，労働保護法上の責任について一定負担することになる。労基法87条，労安衛法15条以下等を参照。

7） 労働者派遣法施行以前にあっては「社外工」問題がそれにあたり，同法施行後の典型例は，いわゆる「違法派遣」と呼ばれる実態である。前者に関する詳細な研究として，大沼邦博「事業場内下請労働者の法的地位（上）（中）（下）」労判363号，365号，367号（いずれも1981年）各4頁以下，後者について論じた近時の文献に，例えば，浜村彰「違法な労働者供給・労働者派遣と労働契約関係」法学志林98巻1号（2001年）143頁がある。

II 当事者意思と実態との乖離

1 問題となる当事者関係と労働者派遣法

ここで想定すべき当事者関係は,「両企業間には,支配企業の事業の一部を請け負った従属企業が自らの労働者を用いて当該事業を営むことを予定した(いいかえれば,労働者に対する支配企業の指揮命令権限・その発動に関する条件等を定めていない)業務請負契約が存在しながら,実際には,日常的な業務遂行過程において,支配企業が労働者に(全面的な)指揮命令を行っている」場合である。

こうした実態における支配企業の労働法上の責任如何を判断するにあたって,まず,労働者と支配企業との(黙示的)労働契約関係の成否を検証することが考えられる。学説には,上記3当事者関係が職業安定法・労働者派遣法に違反していることを主たる理由に,当該契約関係の成立を肯定する見解がある反面[8],それを原則的に否定する立場も有力に主張されている[9]。他方,近時の裁判例は,少なくとも指揮命令関係の存在のみでは労働契約関係の成立を認めない傾向にある[10]。それゆえ,本稿は,基本的には労働者と支配企業との間に労働契約関係は存在しないと捉えた上で,なお同企業が当該労働者に対して労働保護法上の責任を負うかを検討する。

「労働者派遣事業と請負により行われる事業との区分に関する基準を定める告示」(昭61・4・7労告第37号)および行政解釈(平16・2・18職発0218003号)では,「(業務)請負」か,労働者派遣法(以下,派遣法)の適用を受ける「労働者派

---

[8] その代表的見解として,萬井隆令『労働契約締結の法理』(有斐閣,1997年)250頁以下,332頁以下を参照。

[9] 浜村・前掲注7)論文147頁,大沼・前掲注7)労判367号5頁,和田肇「労働契約における使用者概念の拡張」平出慶道=今井潔=浜田道代編著『現代株式会社法の課題』(有斐閣,1986年)241頁(とくに247頁)等参照。

[10] 1985(昭和60)年以降の裁判例では,労基法上の「労働者」性が争われた事案であれ,訴訟当事者間で締結された約束の「労働契約」性が争われた事案であれ,それが指揮命令関係の存否のみで決せられた判断は存在しない。平成15年度厚生労働省委託研究『労働者の範囲の明確化に関する調査研究報告書』((社)日本労務研究会,2004年)109頁以下[中内哲執筆]を参照のこと。

遣」かは，両企業の当事者意思によってではなく，客観的に判断するものとされている[11]。これに基づくと，本節冒頭で示した3当事者の実態は，まさに派遣法2条1号にいう「労働者派遣」に該当するといえる。それに伴い，従属企業は同法にいう「派遣元事業主」(23条)，支配企業は「派遣先」(31条)，労働者は「派遣労働者」(2条2号)と捉えられることになろう。

また，派遣法は，派遣労働者と派遣先との間に労働契約関係はないが，指揮命令関係が存在することを考慮して，Ⅰでも若干触れたように，労基法・労安衛法等，本来，労働契約上の使用者が担うべき労働保護法上の義務の一部を派遣先に負担させる規定を置いている（みなし条項である44条～47条の2）[12]。

では，派遣先たる支配企業は，当該みなし条項に従って，労働者に対する労働保護法上の責任を負うことになるのか。この時，支配・従属両企業は，業務請負契約を締結しただけで労働者を送り出し（または受け入れ）ているはずであり，派遣法が定めた手続き（許可（5条1項）・届出（16条1項），派遣元事業主・派遣先の講ずべき措置等（30条以下））などを全く経ていないと推測されるが，この点は当該条項の適用に消極的に働かないか。

結論からいえば，支配企業は，みなし条項に定められた労働保護法上の責任を労働者に対して負わなければならないと解される。なぜなら，当該条項は，その文言を確認すると，派遣元事業主または派遣先に該当する企業が派遣法所定の手続き等を履践した（または，している）ことを適用要件に設定していないからである。次のように述べる行政解釈も，かかる解釈と結果において同旨と把握される。すなわち，派遣法44条から47条の2は，「労働者派遣という就業形態に着目して，……労働者派遣事業の実施につき許可を受け又は届出書を提

---

11) 但し，当該告示の具体的な基準・内容，あるいは労働者供給事業と請負との区分に関する職業安定法施行規則4条の規制のあり方に疑問を呈する見解もある。馬渡淳一郎『労働市場法の改革』（日本評論社，2003年）51頁以下，鎌田耕一「ドイツにおける労働者派遣と請負の区分」季労159号（1991年）149頁以下等参照。

12) これらの条項は，「派遣先の事業」を「派遣中の労働者を使用する事業」とみなす等の表現を用いることによって，派遣労働者と労働契約関係にない派遣先に当該責任を課している。なお，当該条項が設けられた（法制定当初の）趣旨・経緯については，渡辺裕「労働者派遣事業と事業主の法的責任」信州大学経済学論集23号（1985年）33頁（とくに35頁以下）が詳しい。

出した者……だけでなく，それ以外の事業主が行う労働者派遣についても適用され」る，と。

したがって，みなし条項の適用如何は，あくまでも実際の3当事者関係（実態）が派遣法2条1号にいう「労働者派遣」に該当するか否かにのみ依拠していると評価できるのである。

2 派遣法と労基法とのはざま

1では，当事者意思を離れて「労働者派遣」（派遣法2条1号）としての実態が存在する以上，みなし条項（同法44条～47条の2）が適用され，支配企業は，直接には労働契約関係にない労働者に対して一定の労働保護法上の責任を負う，ということが明確にされた。これは逆に，「労働者派遣」に該当する実態が発生しない限り，支配企業は当該条項に基づく労働者に対する責任を果たす必要はない，ということを意味する。

例えば，日常的な業務を遂行するにあたって，労働者が支配・従属両企業から指揮命令を受けるという実態が生まれれば，これは，もはや「労働者派遣」に当てはまらないため，上記みなし条項を適用できる基盤は失われたと解することになろう。

このように，派遣法のみなし条項が適用されない3当事者関係であっても，支配企業は，実際に指揮命令を下しているということから，労働者に対して何らかの労働法上の責任を負うか。ここでも前節1と同様，まず当該両者間における（黙示的）労働契約関係の成否が問題となりうるが，指揮命令関係の存在のみに基づく労働契約関係の成立は認めがたい。ゆえに，支配企業は，基本的には労働者に対する労働契約上の責任を負担する必要はない。

次に，派遣法にあるみなし条項の援用如何とは離れた，同企業の労働保護法上の責任の存否についてはどうか。これは，当該責任を帰せしめる原則たる労

---

13) 労働省職業安定局民間需給調整事業室編『労働者派遣法の実務解説』（労務行政研究所，2000年）370頁。
14) ここまでは，当該3当事者関係が「業として行われる労働者派遣」（派遣法2条3号）に該当することを想定してきたが，たとえそれが「業として行われない労働者派遣」（同法38条・43条）であったとしても，かかる結論は変わらない。

基法上の使用者概念（10条）に立ち返って決するほかないが，その結論は否定的に解さざるを得ない。なぜなら，労基法上の使用者として同条が列挙する，①事業主，②事業の経営担当者，③その事業の労働者に関する事項について，事業主のために行為するすべての者，いずれについても，支配企業が該当するとは評価できないからである。[15]

もっとも，支配企業には，なお果たすべき責任が存在しうることに注意を要する。それは，労安衛法15条1項にいう「元方事業者」が同法29条に基づき負担する責任であり，その内容を本稿における3当事者関係に引きつければ，次のように説明できる。すなわち，元方事業者たる支配企業は，請負人たる従属企業およびその雇用する労働者に対して，労働安全衛生法規に違反しないように指導し（同条1項），同法規違反が認められた場合，その是正を指示する義務を負う（同条2項）。他方，従属企業および労働者は，当該指示がなされた場合，その遵守義務を負う（同条3項），と。[16]

労安衛法に基づく支配企業のかかる責任は，元方事業者としての地位に伴うものであり，たとえ「業務請負」が名実ともに行われていたとしてもこれを負担すべきことは，確認しておく必要があろう。

3 小　括

以上の検討により，支配・従属両企業が業務請負契約を締結した場合，労働者との労働契約関係は原則として成立しないものの，支配企業は，労働者に対して，①少なくとも労安衛法上の責任を（本章2），また，②当該ネットワークにおける3当事者関係の実態が派遣法2条1号にいう労働者派遣に該当する限り，派遣法44条以下のみなし条項に従って（いいかえれば，みなし条項の定めを限

---

15) ③の法的意義に関する北海道鉱山事件（刑事）・札幌高判昭28.11.30高裁刑集6巻10号1414頁，派遣先の労基法10条該当性に関して触れた渡辺・前掲注13)論文36頁等のほか，労働省労働基準局編『改訂新版　労働基準法　上』（労務行政研究所，2000年）124頁以下も参照。

16) 元方事業者と関係請負人・その労働者との関係に言及した文献として，やや古いが，荒木誠之「労働災害と親企業の責任」季労94号（1974年）17頁（とくに22頁）参照。あわせて，労働省労働基準局安全衛生部編『労働安全衛生法の詳解』（労働基準調査会，1998年）228頁・394頁も参照。

度に），労働保護法上の責任の一部を負担すること（本章1）が明らかになった。

　従来，一般的に，当事者意思として「業務請負」が選択された場合，労働者と直接・明示的には労働契約関係にない支配企業は，労働保護法上の責任を負担しないと理解されてきた点（I）に鑑みると，上記2点は，内容としては不十分さを拭えないにしても強調されてよいと考える。

III　試　　論

1　現行労働法制・解釈にひそむ陥穽

　II2では，労働者へ指揮命令を与える支配企業が，当該労働者に対する労基法上の使用者（10条）に該当しない場面がありうることも指摘した。いいかえれば，企業間ネットワークにおいては，実際に労働者を指揮命令している支配企業に対し，労働保護法上の責任を問い得ないという危険の存在が浮き彫りにされたといえる。この場合，当該責任は，最終的には労働契約当事者である従属企業に帰するしかないが，同企業にしてみれば，自らが実質的に決定していない事項について責任を問われることになり，酷な結果といわざるを得ない。また，支配・従属各企業いずれにも帰責できないということになれば，ネットワーク当事企業が労働保護法上の責任を潜脱できるという道が開かれてしまい，労働者に関する最低労働条件を確保できないおそれが生じる。

　これらは，現行労働法制とそれを支える従来の解釈が，実務で今後さらに多面的・多層的に進行するであろう企業間ネットワークの形成に対して，必ずしも十分に対応し切れていないことを示唆している。

2　労基法上の使用者概念の「柔軟化」

　上述した危険性＝労働保護法が潜脱される可能性を除去するためには，いかなる方策がありうるか。ここまでの検討（とくにII2）を踏まえると，法解釈論的手法のみで，その解決を図ることは困難と思われる。

　筆者は，ここに1つの考え方として，労働保護法の核である労基法における使用者概念を従前に比して緩やかに捉えてみるという意味での「柔軟化」を提

案したい。

　この柔軟化は，現行労働法制が労働者派遣法の制定によって受容し，さらには派遣対象業務のネガティブ・リスト化によって結果的に普及・浸透させてきた"雇用と使用の分離"という考え方を，より直接に労働法上の使用者概念に反映させることを意図するものである。その意義は，消極的には，①労基法上の使用者（とくに事業主）性を判定するにあたって，従来，依拠してきた労働契約関係の有無・成否に拘泥しないこと[17]，積極的には，②労基法が規制する事項について実質的に決定権限を有している者を労基法上の使用者として把握するという同法10条の趣旨[18]を突き詰め，（法規制事項に関する）労働者への指揮命令性を基準に，複数の企業を当該使用者として許容することを含んでいる。

　かかる柔軟化を敷衍すれば，いかなる効果をもたらすか。第1に，Ⅱ2で指摘された危険，すなわち，企業間ネットワークにおいて，労働者派遣（派遣法2条1号）に該当しない3当事者関係（実態）が現れた場合，労働契約上の使用者たる従属企業のほかに，労働者に指揮命令を与える支配企業が労働保護法上の責任を潜脱してしまう危険を回避できる。

　第2に，派遣法におけるみなし条項（44条〜47条の2）を設ける意味合いが次の2つの面で否定されよう[19]。当該条項が置かれた根本的理由は，派遣先と労働者との間に労働契約関係が成立しないからにほかならないが（Ⅱ1），これは，上記①（消極的意義）により，その根拠を失うと思われる。また，みなし条項は，派遣先が責任を負うべき労働保護法上の事項や範囲を固定的・硬直的に定めるが，これについても，上記②（積極的意義）により，その必要性が失われるからである。

---

17) 東京大学労働法研究会編『注釈　労働基準法（上）』（有斐閣，2003年）166-167頁［岩出誠執筆］参照。もっとも，解釈論としてのかかる考え方は，すでに1975年に公にされている。岩出誠「判批（三菱重工業事件・横浜地判昭49.5.31労判203号42頁）」ジュリ584号（1975年）150頁以下（とくに152-153頁）参照。岩出弁護士はこれを「労基法の相対的適用」と称されたが，その射程は安全衛生や労災に関する条項に限定されているようである。
18) 行政解釈（昭22・9・13発基第17号）のほか，菅野・前掲注6）書105頁等を参照。
19) なお，脇田滋教授は，当該みなし条項を「きわめて複雑で判りにく」いとして，派遣元・派遣先両企業による連帯責任条項に改めることを提案される。脇田滋「労働者派遣事業と有料職業紹介事業の自由化批判」季労183号（1997年）61頁（とくに79頁）参照。

第3に,支配・従属各企業による労働者への指揮命令と,両企業間に存在する支配—従属関係との有機的結びつきである。複数企業間で労働法上の責任分担を決定づける従来からの主たる基準は指揮命令性であった(本稿もこれに則っている)。他方,企業間における支配—従属関係という経営上の実態は,本稿では,両企業の法的独立性を前提としていたため(I),指揮命令性あるいは労働保護法上の責任の帰趨に関する判断に何らの影響も与えないものとして扱ってきた。

　柔軟化は,労働者に対して指揮命令を与える複数の企業を労基法上の使用者として取り込み,あるいは,いずれの企業が実質的な決定権限を有していたかを探知する考え方である。それゆえ,両企業間における支配—従属関係という実態が作用して,表面的・形式的に指揮命令を与えていた従属企業(だけ)ではなく,支配企業を帰責すべき真の主体と判定することができるのである。

　以上のように,柔軟化は,両企業間の実態に沿って,従来と比較してより適切な結論を導き出せる可能性を有するといえる。

IV　おわりに——今後の課題

　とはいえ,こうした労基法上の使用者概念の柔軟化は,現時点ではあくまでも提案に留まるものである。柔軟化を論理として構築・定着させようとすれば,労働契約上の使用者たる企業のみならず,労働者に指揮命令を与える他の企業を労基法上の使用者として発見・判定するに際し,いったい,いかなる要件・事実が必要であり,その各要件・事実が当該作業にどの程度のインパクトを与えるのか,ひいては,これらを踏まえた改正条文案(例えば10条)等を明確に示さなければならないであろう。しかも,労働保護法(最低労働条件規制法令)には科罰主義が採用されており,その適用は厳格性が求められる[20]。それだけに,柔軟化について今後語る際には,より慎重かつ緻密な検討を積み重ねなければならないと認識している。

---

20) 例えば,西谷敏「労働基準法の二面性と解釈の方法」伊藤博義=保原喜志夫=山口浩一郎編『労働保護法の研究』(有斐閣,1994年)1頁(とくに4頁)を参照。

シンポジウムⅡ　企業間ネットワークと労働法

　また，本稿は，3当事者関係における労働法上の責任の中でも，とくに公法たる労働保護法上の責任について検討してきた。その意味で，本文では言及できなかった安全配慮義務[21]や，支配企業と労働者との間に例外的に労働契約関係が成立する要件をはじめ，3当事者関係における労働契約に基づく私法上の責任の根拠・所在・分配を解明することも，今後の課題である。

（なかうち　さとし）

---

21)　業務請負3当事者関係における近時の最高裁判例として，例えば，三菱重工業神戸造船所（難聴）事件・最1小判平3.4.11労判590号14頁がある。

支配企業に対する従属会社労働者の団交アプローチ

紺 屋 博 昭

(弘前大学)

I　はじめに——団体交渉の隘路

　朝日放送事件最高裁判決[1]は，請負会社所属労働者の派遣を通じて労務提供を受けていた企業に，労働組合法（以下労組法）第7条にいう使用者性を認め，団交応諾を命令した地労委の判断を支持する論旨を展開する。

　他方，関西航業事件大阪高裁判決[2]は，従属会社の労働者と支配企業との間に雇用関係を否定する第一審判決を維持する。同事件において既に裁判所での争点から退けられている事実こそが，支配企業への団体交渉を妨げるいわば隘路となっている。同事件は地労委決定レベルで，事実上の支配企業に労組法上の使用者性を否定しているのである[3]。

　従属会社の労働者が支配企業との団体交渉を可能にする法理の探求。集団的労働法にあって，それは労組法第7条にいう使用者性を支配企業の側にいかに認めるかということになる。使用者性は企業間ネットワークに分散している。その事情を踏まえた支配企業ネットワークとの団交保障法理を考察する必要がある。本稿は，使用者性の在処を，労働者と支配企業との間に位置付けられる労務提供の程度や態様によって区分し，支配企業の団交当事者たる地位に関する試論を提示するとともに，従属会社労働者の団交具体化策を提案する。

---

[1]　最三小判平7.2.28民集49巻2号559頁。
[2]　大阪高裁平15.1.30労判845号5頁。なお同事件第一審は大阪判平12.9.20労判792号26頁。
[3]　大阪地労委平12.5.26労判784号88頁。

II 使用関係があるなら団体交渉は可能であると言ってよいか？

使用関係とは，支配企業が従属会社に及ぼす支配力および影響力を基に，従属会社労働者による労務提供について，支配企業が指揮命令を与える関係を指す［図1参照］。この指揮命令は労働契約に基づくものではない。元請会社の支配領域において専属的な下請作業にあたり，指揮命令を得ながら活動する労働者の就労が，使用関係の具体例となろう。

労組法は，労働三権に基づく行動を妨げる当事者を，同法の規制対象たる使用者とみなす。[4] 労働契約の当事者以外の関係者らによる不当労働行為を，集団的労使関係の場において禁止するのが労組法の趣意であり，労働契約上の使用者に限定する必要がないとも説明される。[5] 労組法上の使用者を，労働者の労働関係上の諸利益に影響力ないし支配力を及ぼし得る地位にある一切の者と考えるのが有力な見解であろう。[6] 実質的影響説ないし実質的支配説である。[7]

使用関係にある支配企業は，労務の受領の当事者として，あるいは労務の使用関係者として，労働者の労働関係上の諸利益に影響を持つ。支配企業は労働契約上の当事者と同等の地位にあると考えることが可能である。

この理屈は，既に労働委員会の出す団交命令を支える古くからの理論となっており，[8] 裁判例においてそのロジックが部分的に確認されている。従属会社の

---

4) 東京大学労働法研究会『注釈労働組合法（上巻）』（有斐閣，1980年）336頁，西谷敏『労働組合法』（有斐閣，1998年）142頁。
5) 東京大学労働法研究会・前掲注4）337頁，西谷・前掲注4）142頁。
6) 片岡曻『労働法(1) ［第3版補訂］』（有斐閣，1998年）323頁，東京大学労働法研究会・前掲注4）339頁，西谷・前掲注4）276頁。
7) 正確を期せば，労働契約を基準としながらも，その過去及び近い将来の時間的射程をいれた使用者性なり，吸収合併営業譲受をいれた可変的射程をいれた使用者性なりを構築する見解が別個に位置づけられる。下井隆史『労使関係法』（有斐閣，1995年）106頁，菅野和夫『労働法第六版』（弘文堂，2003年）647頁。契約上の使用者に順ずる者，近似する地位にある企業が使用者となる可能性を首肯する点で，支配ないし影響力を行使する地位にあるものを使用者とする考え方に接近する。
8) 専属的下請作業労働者らに対する支配受入企業の団交応諾義務を首肯する例として，日清製粉事件・栃木地労委昭48.2.2労判169号33頁，大桑生コン事件・長野地労委昭51.3.11労判252号73頁等が挙げられる。

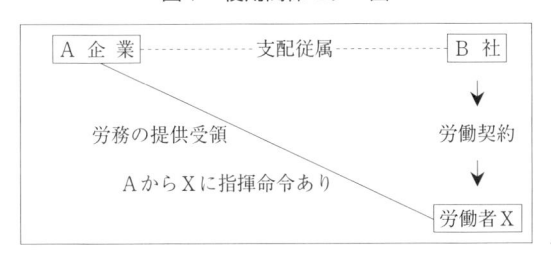

図1　使用関係モデル図

```
A 企業 ――――― 支配従属 ――――― B 社
                                    ↓
   労務の提供受領           労働契約
                                    ↓
   AからXに指揮命令あり       労働者X
```

労働者に対する時間的拘束ないし就労時間指定という態様，就労時間の長短に応じて算定される請負料の賃金類似的な性格，従属会社から労働者に対してなされるべき指揮命令の不在といった事情を，支配ないし影響と捉えて，支配企業と従属会社労働者との間に事実上の雇用状態成立を認め，支配企業の団交応諾義務を肯定する下級審裁判所の結論を維持する最高裁判所の判決が古く存在する[9]。

その後，最高裁は前記朝日放送事件にて労組法上の使用者に関し，次のような一般論を提示する。「雇用主以外の事業主であっても，雇用主から労働者の派遣を受けて自己の業務に従事させ，その労働者の基本的な労働条件等について，雇用主と部分的とはいえ同視できる程度に現実的かつ具体的に支配，決定することができる地位にある場合には，その限りにおいて，右事業主は労働組合法第7条の『使用者』に当たるものと解するのが相当である」[10]。

判例法理の到達点は，支配と影響という学界の実質説を若干変化させ，支配と決定という要件を掲げる。決定説とも呼ばれるこの法理提示の背後事情には，業務請負契約の下で支配企業における派遣労働者の使用といった事件個別性がある。しかし，朝日放送事件の一般論が，使用関係にある支配企業の使用者性を否定している訳ではない。支配企業が労働者を従業とし，そして指揮命令を与えて基本的な労働条件に統制，支配，決定を与えているならば，従属会社労

9）　油研工業事件・最一小判昭51.5.6労判275号9頁。同事件は，当時の通称社外工の事案であり，従属会社が形骸化している際の支配企業への団交要求事案であった。その後阪神観光事件・最一小判昭62.2.26判時1242号122頁にて，支配企業の従属会社労働者に対する現実かつ具体的支配を媒介とする団交応諾義務が確認される。

10）　朝日放送事件・前掲注1）。

働者の支配企業に対する団体交渉は認められる。

Ⅲ　利用関係にある支配企業はどうか？

　支配企業の労務の利用は，従属会社の労働者が提供する労務を受領するが，これに関して指揮命令をしない事例を指す［図2参照］。
　支配企業内で特定業務の完成を反復し継続するが，この業務に指示を受けない従属会社労働者の就業，あるいは支配企業から就労場所と業務機材は提供されるが，労働時間管理，賃金支払はなく，指揮命令等も存在しない就業状況が，利用関係の適例となろう。最近，製造工場の特定部門業務を，製造請負会社に丸投げし，請負会社従業員がその部門業務に従事するという実態がある。受注業務に製造工場側からの具体的な指揮命令があれば，支配企業としての使用者性を見出せるが，自動機械化の進んだ部門業務で指図も指導もない実情に，使用関係を言い当てることは難しい。労働者の労務の給付に際して，支配企業の指揮命令が従属企業労働者に与えられているか否かで，使用と利用をひとまず峻別する。
　利用関係にある支配企業に，先述の朝日放送事件一般論を当てはめても，使用者性の認定要件なるものを満たせない場合が多い。その一般論の射程は詳細に検討する必要性があるにせよ，指揮命令に欠く労務受領の実態に，支配企業の現実的かつ具体的な支配力ないし決定力を認めることは難しい。実質説の立場に立ってもその帰結に大差はない。
　前記関西航業事件では，支配企業グループにあたる全日空および大阪空港事業会社と，その従属会社にあたる関西航業株式会社との間に，飛行機の運航に関する地上業務についての業務委託契約が存在した。従属会社は専属的下請の地位に置かれ，その従属会社労働者は，支配企業の従業員と混在し，ときに共同して業務を行い，その際労働者は支配企業の監督や指揮を受けたと労働委員会は事実認定する。だが，同事件地労委決定は，支配企業たる大阪空港事業会社が，関西航業株式会社の労働者の労働条件の決定について関与がなかった旨を認め，同社の労組法上の使用者性を否定する。その論旨は，従属会社労働者

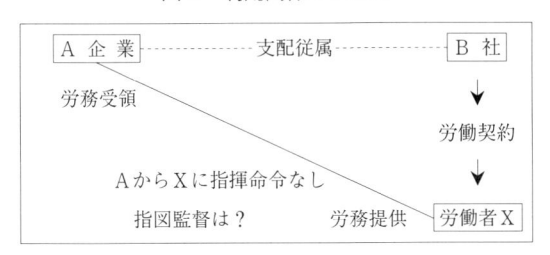

図2　利用関係モデル図

```
┌─────────┐                        ┌─────────┐
│ A 企 業 │ ········支配従属········ │ B  社   │
└─────────┘                        └─────────┘
  労務受領 ＼                           ↓
            ＼                      労働契約
             ＼                         ↓
    AからXに指揮命令なし                    ┌─────────┐
      指図監督は？      労務提供         │ 労働者X │
                                          └─────────┘
```

の労務提供が支配企業の業務の中に組み込まれている面は否定できないと述べながらも，従属会社労働者の労働条件の決定について，採用，退職，休暇の申請，時間外労働命令について関与がなく，これは従属会社が独自処理しているから，支配企業は従属会社労働者の賃金等の労働条件を決定しているとは言えない，使用者性は認められないというものである。さらにグループ上位企業にあたる全日空の使用者性も否定されたが，こちらには業務委託者として具体的指揮統率は認められるが，この範囲を超えて労働条件に関する支配を及ぼしたという事実はないと結論する[12]。

最近の事例においても，利用関係にある支配企業の団交応諾義務を労働委員会は否定している[13]。関西航業事件も中労委にて支配企業が下請孫請会社の従業員に対し使用者性の無い旨を確認されている[14]。

支配企業の側に使用者性を確定し，支配企業の労務の利用の何らかについて

---

11) 関西航業事件・前掲注3)。
12) 同。
13) JR西日本（大誠電機工業）事件・大阪地労委平13.12.4労判817号85頁，中労委平15.7.16労判856号93頁。同事件では，支配企業たるJR西日本の作業計画に基づく支配企業従業員との共同業務，支配企業の指示による業務が認定されながらも，従属会社の労働者は支配企業IRから独立した業務にあたり，直接の指揮監督下に置かれているとは認められないと判断された。業務の調整上若干の指示があり，支配企業の影響は確認できるが，従属会社労働者を直接の指揮監督下に置いていない，ゆえに労組法上の使用者性が支配企業に認められないと結論するのである。従属会社労働者らは，団体交渉の対象を従属会社と支配企業の双方に広げるべく，支配企業へアプローチを試みたが，これが否定されたのである。
14) 全日本空輸，大阪空港事業事件・大阪地労委平12.5.26労判784号88頁，中労委平14.7.3労判830号92頁。なお同事件は平成16年6月27日に予定された東京地裁判決をまたず，当事者和解による訴訟取下で決着。

団体交渉を可能にすべく，集団法的規範を設定するにはどう考えるべきか。

一つは，要件緩和論である。労働条件の基本部分の存在と，それに対する支配決定力を，両方必ず支配企業に認める必要はない。支配企業への労務提供の態様に関する諸条件について，団交議題となる可能性は肯定されて然るべきである。労務の提供についての瑣末な疑問や業務負担の不明も，基本的な労働条件に包含されうる事項であり，これを支配企業グループとの交渉事項にできない理由はない。瑣末な労働条件についてさえ，その決定権限が分散，分配されている企業間ネットワークにおいて，特定の支配企業に十分かつ完全な労働条件に関する決定力を使用者性の確定要件とするのは，実情にそぐわない。実質説にいう支配影響要件をもって，支配企業の使用者性を認めようというアイデアである。

もう一つは，団交機能拡張論である。団体交渉を労働協約の締結を最終目的とする集団交渉ではなく，労組法の枠内でこれを労使間の情報交換あるいはコミュニケーション確保の具体策として意義付ける。判例法理が述べる特定支配企業の支配決定力ではなく，支配企業間ネットワークで共有される従属会社の労働者の諸労働に関する影響力ないし関与を手掛かりにして，従属会社労働者の団交アプローチなるものを保障する。

既に一部の労働委員会の調査および審問では，従属会社のみで紛争解決が有効にならない場合，支配影響関与を及ぼしている支配企業の一当事者を，使用者ではなく関係者なる地位にて同席させ，労使間のコミュニケート回路を確保する実践例がある。[15] 利用関係において団交要求の隘路となっている支配企業の使用者性の分散を，団交応諾当事者への分担へと転換するのである。

Ⅳ　持株会社，そして譲受会社に，団交当事者性を認められるか？

企業間ネットワークにおいては，上位の支配企業が，下位の従属会社ないし事業体における人件費問題や人材開発等に関連する職務展開等に介入することが予想される [図3参照]。

---

15)　北海道地方労働委員会事務局における筆者のヒアリング調査（2003年3月19日）による。

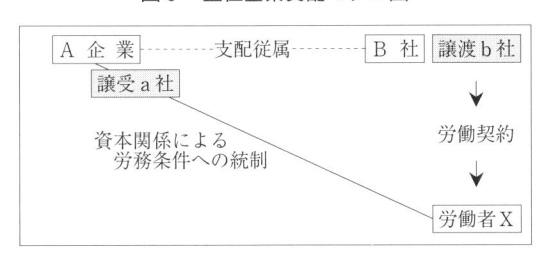

図3 上位企業支配モデル図

```
┌─────────────────────────────────────────────────┐
│  A 企 業 ┄┄┄┄ 支配従属 ┄┄┄┄ B 社  譲渡b社  │
│    譲受a社                          ↓          │
│                                  労働契約       │
│    資本関係による                    ↓          │
│    労務条件への統制                              │
│                                   労働者X      │
└─────────────────────────────────────────────────┘
```

　例えば持株会社は，従属会社株式の所有に応じて取締役を送り込み，従属会社の事業に関する方針等の指揮決定に当たる。持株会社の幹部社員が従属会社へ出向し，従属会社の事業コントロールに当たることもある。では，従属会社の労働者は，持株会社に，事業コントロールに関連する労働条件の支配影響の結果について，団体交渉が可能だろうか。

　企業間ネットワーク内の銀行が，ある会社に出資をするにあたって，会社人件費を縮減すべく従業員をリストラせよと仄めかす場合，従属会社の労働者は銀行の出資計画に包含される人事計画について，支配企業たる銀行に団体交渉を求めることが同様に可能だろうか。あるいは，営業譲渡事例にあって，従属会社たる譲渡会社［図3における譲渡b社］の労働者が，雇用継承や将来の労働条件に関する事項を，未だ労働契約に関して決定権限のない譲受会社［図3における譲受a社］に団体交渉を求めることはどうか。[16]

　労働委員会は，株式保有関係，人的関係，取引関係，融資関係，そして技術貸与関係から，持株会社の従属会社に対する総合的，統一的，継続的な支配ないし管理体制を見て，親会社や持株会社等，上位企業の使用者性の当否を判断している。資金拠出停止の根拠や，会社解散に関する諸問題について，その部分に限り団交応諾義務を認める例がある[17]。最近では，上位支配企業への雇用継承について団交応諾義務を認める命令例[18]，従属会社における解雇事案を支配企業の団交応諾義務としない裁判例[19]，同じく団交応諾義務としない命令例が取消される裁判例がある[20]。

---

16) これら問題の検討に関して，菅野・前掲注7)649頁以下，土田道夫「純粋持株会社と労働法上の諸問題」『日本労働研究雑誌』第451号（1997年）5頁以下参照。

シンポジウムⅡ　企業間ネットワークと労働法

　営業譲渡に関連する雇用継承問題について，譲渡会社と譲受会社，そして上位の支配企業，三社ともに団交当事者となれば団体交渉が有効化する。だが労働委員会は，譲受会社への雇用継承に関連してのみ，労働条件の基本部分について支配決定力があるから使用者性を確認できるとして，団交応諾義務を肯定するに留まっている[21]。

　上位支配企業の意向や影響の結果もたらされる労働関係上の諸利益を，支配企業の団交応諾義務とするのは極めて困難な現状がある[22]。支配企業の側における具体的かつ現実的な労働条件の支配決定を，行政救済，私法救済いずれの場で主張立証するにも，相当の負担が労働者の側に課せられる。ここに実質説を主張して支配決定論の要件緩和を述べても，決定説において立証責任転換論を説いてもさしたる効果は得られない。

　先述の，団交機能拡張論から導かれる団交アプローチは，労働条件その他就労に関する事柄について，影響関与が推定される支配企業を，従属会社と同等の地位にあるとみなし，当事者化を図る。意向を反映させ，影響を及ぼし関与する上位支配企業を，確たる決定権限がないからといって団交を拒否できない

---

17)　森産業，微生物研究所事件・東京地労委昭54.7.3労判326号64頁。なお裁判所は運営資金醸出停止の根拠が明らかにされているから，重ねて団交を命じ，緊急命令の申し立てをすることは相当性を欠くとして，地労委の判断を否定している。東京地決昭55.1.17労判333号5頁，東京高決昭56.5.11労判374号93頁。その他使用者性を認める命令例として，阿部写真印刷事件・福島地労委昭53.7.27労判307号60頁，東芝アンペックス（東芝）事件・神奈川地労委昭62.12.21労判512号86頁。

18)　大阪証券取引所（仲立証券事件）・大阪地労委平12.10.26労判795号93頁，中労委平15.3.19労判847号91頁。ただし裁判所は最近これを否定し，団交応諾命令を取り消した。東京地判平16.5.17判例集未掲載。

19)　大森陸運ほか事件・神戸地判平15.3.26労判857号77頁。

20)　本四海峡バス，全日本海員組合事件・兵庫地労委平13.8.21労判814号149頁は，支配的かつ定型的な決定権を欠くとして従属会社の筆頭株主たる支配企業の団交応諾義務を否定したが，裁判所にて命令取消しを受けている。神戸地判平14.12.26労旬1577号55頁，大阪高判平15.12.24労旬1577号48頁。

21)　甲府月星商事ほか2社事件・山梨地労委平13.7.23労判817号87頁。

22)　営業譲渡および雇用継承事案で，従属会社労働者の承継先ではない譲受会社への雇用継承を議題とする団体交渉を，譲受会社が拒否した事案において，労働委員会は団交応諾義務を否定する。日本チバガイギー他1社事件・大阪地労委平12.7.3労判828号92頁。古く同種事案での団交応諾否定結論を導く裁判例として，東横工業事件・東京高決昭51.2.25労判256号65頁。

立場に置く[23]。団交同席を拒絶する支配企業は，労組法7条2号違反となる。同席の先には誠実交渉の問題が別途生じるが，同席を少なくとも義務付けることで，企業間ネットワーク下での労使間コミュニケーション回路が当座確保される。機能拡張に基づく支配企業の団交当事者性の位置付け直しが，従属会社労働者の支配企業ネットワーク総体に対する団交アプローチを有効化する一つの方策になると思われる。

V　おわりに

　企業間ネットワークにおける支配企業への団交アプローチを具体化するための考慮事項はなお存在する。
　第一に，労使間コミュニケーションの場として団体交渉を意義付ける場合，ネットワーク内外の労使協議制度，従業員代表制度，あるいは労使委員会制度が持つ機能目的との兼ね合いを考える必要がある。第二に，労使コミュニケーションの先に，協約締結や紛争解決機能をどの程度想定して団体交渉の機能役割を再構築すべきか，という課題がある。労使間自治のあり方は，第一と第二の事項と相関を持つ。第三に，団交アプローチ論は，例えば支配企業の同席処理といった解決手法を超えて，支配企業の補助参加人地位を要求する等の処置策を含む。集団的労働法における現行紛争解決システムとの整合，そのための権利概念の整理等も必要である。団体交渉権から，支配企業の説明責任や，支配企業へのコミュニケート権なる概念を引き出す必要がある。
　本稿は従属企業労働者から見た団体交渉の機能充実という点から，支配企業の同席処理例を参考にした団交アプローチに関する試論を述べた。他方で，支配企業の側が主張する団交同席権や，ネットワーク下の支配企業の包括的決定権限のようなものを，ある程度確定ないし限定しておく必要もあるだろう。

（こんや　ひろあき）

---

[23]　使用者側担当者の同席義務についての考察が，支配企業の同席処理策に関して参考になろう。西谷・前掲注4) 280頁。

シンポジウムⅢ

労働関係紛争処理の新潮流
——労働審判制度の創設・労働委員会制度改革——

シンポジウムの趣旨と総括	土田道夫
個別労働紛争処理をめぐる議論と政策	
——80年代以降の議論動向——	村中孝史
雇用社会における法の支配と新たな救済システム	
——労働審判制度の意義と展望——	豊川義明
労組法改正と労働委員会システムの見直し	道幸哲也

＜シンポジウムⅢ＞

シンポジウムの趣旨と総括

土 田 道 夫

（同志社大学）

Ⅰ　シンポジウムの趣旨

　司法制度改革のうねりの中，司法制度改革推進本部労働検討会が2003年12月に取りまとめた最終報告を受けて，労働審判法が立案され，2004年4月，159回通常国会において可決成立した。

　労働審判法は，労働関係について個々の労働者と使用者との間で生ずる民事紛争（個別労働関係民事紛争）に関して，裁判所において，裁判官および労働関係に関する専門的知識経験を有する者2名で組織する委員会が事件を審理し，調停による解決の見込みがある場合はそれを試み，解決に至らない場合は，権利関係をふまえつつ，事案の実情に即した解決をすることを目的とする（1条）。同時に，迅速な紛争解決が主眼とされ，原則として3回以内の期日で審理を集結させることが規定されている（15条2項）。

　個別労働民事紛争の急増に関しては，すでに2001年，個別労働紛争解決促進法が制定されているが，これは都道府県労働局が管轄する制度であり，行政主導型の制度（裁判外紛争処理＝ADR）であった。これに対し，労働審判法は，司法の場における専門的で迅速な個別紛争処理を目的としており，雇用社会に「法の支配」を定着させる第一歩として重要な意義を有している。

　一方，集団的労働紛争の典型である不当労働行為に関しても，審理の迅速化と，取消訴訟における労働委員会命令の取消事例の増加を意識した審理の的確化を目的とする検討が進められ，労働組合法の改正案に結実し，国会において審議中である。上記の趣旨に基づき，労働委員会における計画的審理や，事実

認定の迅速化・的確化を図るための証人出頭命令・物件提出命令が規定され，物件提出命令に応じない場合の取消訴訟における証拠提出制限も構想されている。さらに，和解による解決も重視され，労働委員会が和解を勧めることができる旨の規定とともに，金銭支払いを内容とする和解が行われれば，強制執行に際して債務名義とみなす旨の規定が新設される予定である。

労働審判法と改正労組法は，当然ながら性格を異にし（司法的処理と行政救済），取り扱う紛争を異にする（個別紛争と集団的紛争）制度である。しかし，広い視野で考えれば，ともに労働関係紛争処理のための基本法であり，労働事件に固有の手続法を新たに創設したものである。したがって，これら2法の性格を正確に理解し，法の運用のあり方を探ることは，労働法学会における最も基本的な課題の一つといわなければならない。

本シンポジウムは，こうした問題意識に立って，労働審判法および労組法改正の目的・理念を探り，労働関係紛争処理における両制度の意義と課題を検討することを目的として企画された。シンポジウムにおいては，立法に関与するなど，本テーマに造詣の深い会員が報告を担当し，活発な議論が行われた。

II 報告の概要

まず，村中孝史会員は「個別労働紛争処理をめぐる議論と政策」と題して，1980年代以降の個別労働紛争の増加とその背景を探った上，学会や労使団体における議論を詳細にフォローするとともに，行政および裁判所における変化について報告した。行政における対応については，特に個別労働紛争解決促進法の成立に至る経緯と意義について報告し，裁判所における変化としては，審理期間短縮の改善状況および少額訴訟の増加等の現状を紹介した。ついで，司法制度改革審議会報告以降，労働審判制度に至る労働裁判制度をめぐる経緯を紹介し，特に司法制度改革推進本部労働検討会の議論については，調停を組み込んだ労働審判制の方向性，権利義務関係をふまえつつ，労働関係の実情に即した審判を行うこと，迅速性・専門性の確保の重要性など，法の骨格を構成する方向性に至る議論が行われたことを紹介した。

次に，豊川義明会員は「雇用社会における法の支配と新たな救済システム制度」と題して，労働審判制度に関する報告を行った。報告は，労働審判制度の理念として，専門性，簡易性，迅速性，実効性を強調し，特に「労働関係に関する専門的知識経験を有する者」が労使の利益代表としてではなく，中立公正な審判員として労働審判に関与することが，雇用社会におけるルール形成（法の支配）を実現する上で重要であることを強調した。そうした関与と責任の共有によって納得性あるルールが創造され，さらにそれら担い手が雇用社会に復帰することで雇用社会への還元が可能となるという趣旨である。また，労働審判制度が対象とする紛争については，迅速性の要請があることから，複雑な紛争の解決には疑問を留保しながら，そうした事件と労働審判制度で扱う事案との見極めが課題であると述べた。そして，権利関係をふまえつつ事案の実情に即した解決を行うとの基本目的（1条）や，労働審判委員会が個別紛争解決のため必要と認める事項を定めうる権限を有すること（20条2項）にてらせば，主文の弾力性を含め，事案の性質や当事者意思に即したかなり柔軟な解決が可能となるのではないかとの見通しを述べた。

　道幸哲也会員は，「集団的労使紛争処理システムの直面する諸問題」と題して，地労委公益委員としての経験もふまえ，労組法改正に一定の評価をしつつも，批判的視点を含む報告を行った。すなわち，①改正法は，審理の迅速化・的確化を達成するため，計画的審理の導入や手続の司法化を意図しているが，もともと労働委員会（特に地労委）は，和解を含む調整的機能を担う機関であり，改正法がこのような機能（行政救済の妙味）を十分に考慮したかは疑わしい，②事実認定の厳格化は，大量観察方式などの行政救済の独自性と整合しないおそれがある，③計画的審理制度も，和解を含む調整的解決の妙味を失わせる余地がある等である。他方，④証拠提出の厳格化や和解の促進政策については，基本的には積極的評価を行った。その上で，労使自治をベースに円滑な交渉と労使関係の構築を重視する立場から，不当労働行為制度の抜本的な見直し策を提言した。すなわち，労働委員会は基本的には調整的・教育的機能を中心に担うべきであり，命令（判定）を行う場合も，過度に厳格な事実認定を基礎とすべきではなく，そのような本格的判定機能はむしろ中労委の役割であって，取

消訴訟も中労委命令にのみ向けられるべきものである, と。審理の迅速化・的確化を主眼とする改正法とは好対照の方向性を志向する報告であった。

Ⅲ　討論の概要

　討論においては, 特に以下の3点が議論の対象となった。

　第一の論点は, 個別労働紛争の解決における労働審判制度の意義・機能であり, 主に実務家会員から, 労働審判制度の迅速性を評価しつつも, それゆえに取扱事案が限定される可能性があるとの意見が寄せられた。まず中村和雄会員は, 労働委員会の役割とも関連させつつ, 迅速性の要請によれば, 労使の意見が一致しうる簡易な個別的権利義務紛争となり, 集団的差別事件や多数回の立証を要する事案は通常の労働裁判手続とならざるをえないのではないかと述べた。井上幸夫会員, 宮里邦雄会員からも, 事案の振り分けが必然となるとの意見が示された。これに対して豊川会員は, そうした事態の可能性を認めつつ, 事前の論点整理やヒアリングの活用によってある程度は対処可能であると回答した。井上会員は, この回答に同意し, 家事審判における家事調査員のようなマンパワーの確保が課題ではないかと述べつつ, 一方では, 比較的簡易な事案について, 当事者が裁判手続を利用しやすくなること自体に労働審判制度の重要な意義があると述べた。権利関係をふまえつつ, 事案の実情に即した解決を行うとの労働審判制度の趣旨によれば, 解雇の金銭的解決等の新たな解決可能性が生ずるのではないかとの問題提起（司会）に対しては, 豊川会員が賛意を示したほか, 宮里会員も, 審理における労働者の意向によっては可能との認識を示した。菅野和夫会員は, 立法に関与した立場から, 労働審判制度を生かすのは今後の運用であり, その工夫が必要である, また, 原則3回の審理という迅速性の要請は制度の要であり, 代理人弁護士もその点を認識して審理に臨んでほしいと発言した。

　第二の論点は, 労働審判制度と既存の個別労働紛争解決促進法（ADR）との関係である。畠中信夫会員は, 労働審判制度がADRの実効性を支えるバックアップとなりうるとの豊川報告に対し, 労働審判制度にとってADRはいかな

るメリットをもつのか，イギリスの雇用審判所（IT）と助言あっせん仲裁局（ACAS）との関係のように，迅速な審判を行う一方，審判に至らない事案をADRに移行させる方法は考えられないかと質問した。豊川会員は，日本の風土に合ったADRの重要性を認めつつも，個別労働紛争解決促進制度で扱う事案を労働審判制度に移行させる方向が基本であろうと回答し，菅野会員も，労働審判制度は，審判と同時に調停を試みる点に特色があり，その点が，審判とADRを切り離しているイギリスの制度との違いであって，日本では，審判と結合して行われる調停がより重要な役割を果たすであろうと述べた。

　第三の論点は，道幸会員が提起した不当労働行為の審査のあり方に関してである。改正法による不当労働行為の審理手続の司法システム化を懸念し，地労委の役割として，救済命令による判定機能より調整的・教育的機能が重要と説く道幸報告に対しては，その斬新さゆえに議論が沸騰した。宮里会員は，逆に地労委における正確な事実認定と判定こそが重要であり，道幸報告が重視する和解も，判定的機能があってこそ活きると反論し，報告者の村中会員も，労働委員会の本来の役割は，迅速な審理と判定にあり，それによって法的ルールを提示することが重要であるとの見解を述べた。また，古川景一会員・川口美貴会員からは，判定機能を中労委中心とすることにより，アクセスの容易さが損なわれるのではないかとの懸念が示された。これに対して道幸会員は，地労委の判定機能をなくすべきと主張しているのではなく，和解・調整機能をより重視すべきとの主張である。また，判定機能が重要だとしても，地労委が行う判定は，厳格な事実認定を基礎とする判定ではなく，紛争解決に向けた労働委員会の法的評価と位置づけるべきであり，より厳格な判定は中労委の役割と考えるべきだとの見解を示した。中労委の判定機能（再審査機能）を重視する点には，基本的に賛同する意見も示された（菊池高志会員）。道幸報告は，労使自治をベースとする紛争の調整的解決を重視する立場から，審理の迅速化・的確化を主眼とする改正法に対抗する選択肢を示したものであり，これをめぐる討論は，不当労働行為制度のあり方全体をめぐる広範な議論となった。

　労働委員会の役割については，労働審判制度の登場後の労働委員会の存在意義を問う議論もあった。濱口桂一郎会員は，労働審判制度により，個別紛争と

しての性格を有する労組法7条1号事案については，不当労働行為審査制度の役割が後退するのではないかと問いかけたが，道幸会員は，労働組合のサポートを背景とする個別紛争の集団的解決は可能と回答し，豊川会員も，長期的審理を要する事案については労働委員会の役割は相変わらず大きいと答えた。このほか，改正法の内在的問題点として，金銭支払いを含む和解のみを債務名義とみなすとの改正内容は，労働委員会における多様な和解の実態と整合しないとの指摘がなされたが（宮里会員），菊池会員からは，そうした多様な和解を改正法の枠組みに組み込むことは，かえって審査の運用を硬直化する結果となるとの反論がなされた。

IV 成果と課題

　冒頭で述べたとおり，労働審判制度と労働委員会制度は，広い意味では労働関係紛争処理の新潮流という共通性を有するが，同時に，対象とする紛争も制度の性格も異なっている。このため，双方の制度をトータルに捉えた議論が難しかったことは否めない。川口会員が提起した将来における両制度の統合の可能性という論点についても議論は深まらなかった。当面の課題は，濱口会員が提起したような，労働関係紛争処理における両制度の役割の関係ないし分担の問題であり，検討を深める必要があろう。
　一方，労働審判制度と労働委員会制度のそれぞれの意義・機能については有意義な議論が行われた。労働委員会制度については，前記のとおり，道幸報告をめぐって活発な討論が行われ，当初の意図を超えて，不当労働行為制度のあり方にまで及ぶ議論が行われた。また労働審判制度についても，労使の審判委員の関与による専門性確保の重要性，審判の迅速性，事務局を含むマンパワーの確保という基本的要請に関して共通の理解が得られたほか，労働審判制度が対象とする紛争の性格に関して踏み込んだ議論が行われたことは有意義であった。さらに，労働審判制度に調停というADRが組み込まれたことについて，この点にこそ日本の労働審判制度の特質があるとの菅野会員の発言は，制度の本質に関する重要な指摘であったと思われる。

総じて，本シンポジウムは，労働関係紛争処理の今後を展望するまでには至らなかったが，その手がかりを提供する場であったと評価できる。

（つちだ　みちお）

個別労働紛争処理をめぐる議論と政策
――80年代以降の議論動向――

村 中 孝 史

(京都大学)

I　はじめに

　2004年4月，労働審判法は可決・成立したが[1]，本稿は80年代以降，個別労働紛争処理をめぐって展開された議論，及び，これに関する行政や司法の動向などを概ね時系列に沿って素描することにより，同法成立までの経過や背景を明らかにし，同法の位置づけや性格を考える手掛かりを与えようとするものである。もっとも，紙幅の関係から，大きな流れの確認にとどまることをあらかじめお断りしておく[2]。

II　個別労働紛争の増加とその背景

　労使紛争処理をめぐる議論の重点が，近時，集団的な紛争から使用者と個々の労働者との間で生じる紛争（個別労働紛争）へと移行していることは，改めて言うまでもない。もっとも，個別労働紛争にかかる民事訴訟が爆発的に増加したというわけではない。たしかに，地方裁判所に新たに提起された労働訴訟（通常訴訟）は，1992年の892件から，2002年には2309件へと増加しているが，民事訴訟全体から見れば，大きな数字ではない。むしろ，問題は，この間に都

---

1)　同法については，定塚誠「労働事件の現状と新設された「労働審判制度」について」判例タイムズ1147号4頁，定塚誠・男澤聡子「新しく誕生した労働審判制度について」NBL789号31頁，拙稿「労働審判制度の概要と意義」季刊労働法205号25頁等が紹介している。
2)　2001年までの議論動向については，道幸哲也「個別労使紛争の増加と処理システム」季刊労働法195号56頁以下が詳しく，文献についても，同論文注1)・同号67頁が詳しい。また，「資料　個別的労使紛争処理問題と新立法」同号69頁以下に主要資料が掲載されている。本稿も，以上に負うところが大きい。

道府県の労政事務所や労働基準監督署などの機関に，多くの相談や事件が持ち込まれるようになった点にある。たとえば東京都の労政事務所に持ち込まれる相談件数は，すでに1986年には3万件をこえ，現在では5万件を超えている。まさに，この数字と訴訟件数との間のギャップこそが，問題を象徴している。

個別労働紛争の増加原因を説明することは簡単でなく，労働の現場に限定して考えても，雇用形態の多様化と不安定雇用の増加，正規社員に対する業績主義の強化，組合組織率の低下による紛争解決能力の減退，労働者意識の変化や企業内での人間関係の変化等々，多様なファクターを想起しうるし，また，それらは相互に絡み合っている。総じて言うならば，紛争を惹起する要因が増加する一方で，企業内での自主的解決能力が減退しているということになろう。そして，こうした労働をめぐる状況変化の背景に，技術進歩や経済発展と生活水準の向上，グローバリゼーションや情報化，さらには国民のメンタリティーや価値観の変化といった事情が存することを考えると，個別労働紛争の増加という現象は，当分の間は継続するものと推測され[3]，それ故，この問題への対応は重要な課題である。

Ⅲ　個別労働紛争処理システムの整備をめぐる議論

諸外国の労働裁判制度の紹介など，労働事件専門の紛争処理機関の必要性を説く議論は以前からあったし，それは，一種の諦念を伴いつつ，多くの労働法専門家に共有されてきたと思われる。もっとも，従前は集団的紛争への対応こそが労働法学の課題であるとの認識が強く，学会シンポジウムで紛争処理という手続問題が取り上げられた数少ない機会においても[4]，主として集団的紛争が対象とされている。かかる状況が変化するのは，80年代からのことである。

80年代には，個別法の分野で大きな立法や法改正が行われたが，紛争処理の議論にとっては，男女雇用機会均等法の意義が大きかったと思われる。均等法

3）　紛争が顕在化するほとんどのケースは，労働関係の終了を契機としている。したがって，雇用が流動化し，終了件数が増加すれば，紛争顕在化の件数も増加すると予測できる。
4）　1966年の「労使紛争と労働委員会」学会誌28号，1968年の「労働争訟―その実態と法理」学会誌32号。

シンポジウムⅢ　労働関係紛争処理の新潮流──労働審判制度の創設・労働委員会制度改革

は，実体法規制とともに，都道府県婦人少年室長（現在は労働局長）による助言・指導及び機会均等調停委員会による調停という紛争処理手続を定めた。このような紛争処理制度導入の基礎には，この種の紛争には訴訟が実効的な紛争解決をもたらさないとの認識があった[5]。もっとも，この調停手続では，相手方の同意が開始要件とされたため，この点をめぐり活発な議論が展開されることになる[6]。また，この時期に行われた労働基準法の大改正も，実効性確保に関する問題をあらためて認識させたし[7]，労働組合の組織率低下という事態を受けて，従業員代表制度を構想するという議論が生じたが，ここでも，紛争処理の問題が認識されていた。このように，この時期，様々な角度から個別労働紛争の処理という問題が議論され始めることになる[8]。

　90年前後からは，個別紛争の処理という問題が，メインテーマとして論じられる機会が増えてくる[9]。とくに1992年の学会において「労使紛争の解決システム」がシンポジウムのテーマとされたあたりから，議論が本格化している。

　このシンポジウムで行われた報告の基本的な問題意識は次のようなものであった。すなわち，労使関係にあっては，継続的な雇用関係が前提となっており，紛争前の雇用関係や労使関係の復元が理想とされている。そうすると，労使紛争の解決をはかるには，刑事事件として処理するだけでは足りないし，また，裁判所や労働委員会において判断・判定を行うだけでも不十分である。将来の良好な雇用関係や労使関係を生成するには，当事者の合意に基礎をおいた紛争

---

[5]　赤松良子『詳説男女雇用機会均等法及び改正労働基準法』（1985年，日本労働協会）304頁は，裁判所での解決には，「時間がかかるばかりでなく，経済的にも労働者に負担がかかることとなるので」，迅速，簡便かつ円満な解決のための仕組みを設けることが適当と判断した，と述べている。

[6]　たとえば，石田眞「雇用における男女差別の撤廃と実効性確保制度」学会誌65号53頁（1985年5月）。

[7]　たとえば，浅倉むつ子「実効性確保・紛争解決制度の立法論的検討」労働法律旬報1170号14頁（1987年6月）。

[8]　労働大臣の私的諮問機関である労働基準法研究会は，1979年の報告（労働省労働基準局編『労働基準法研究会報告（労働契約，就業規則，賃金関係）』（労働法令協会，1979年9月））において，「労働契約をめぐる民事的な紛争の簡易迅速な解決手続について」の検討が必要であると指摘しており，行政は問題の存在を早い時点で認識していた。

[9]　初期のものとして，浜村彰「紛争処理制度と労働法学」労働法律旬報1250号5頁以下及び同名の座談会（浜村彰，毛塚勝利，深谷信夫，盛誠吾，脇田滋）・同21頁以下がある。

解決が重要である[10]。報告者はこうした問題意識を共有しつつ，企業内における上司の機能や様々な機関における和解に関する分析をし，労働契約紛争に関するあっせん制度を整備すべきとの提言も行っている[11]。

　この前後から議論が活発化するが，それらに関しては，次のような傾向を確認できる。第一に，個別紛争の増加という状況に，既存の紛争処理制度が対応できていない，という認識が共有されている点である。多くの研究が，既存の紛争解決機関の機能を詳細に検討し，とりわけ契約紛争に関し適切な処理機関を欠いているとの結論に達している。第二は，あるべき紛争処理制度は，迅速性，簡易性，低廉性を備えている必要がある，という認識である。また，アクセスの良さもしばしば指摘されている。そして，こうした条件を満たす紛争処理制度につき，実現可能性も視野に入れながら，検討が行われている。

　これらの議論において注目される点を，二点だけ指摘しておきたい。

　その一つは，ほとんどの議論において，民事訴訟がかかるニーズに応えていないと評価されているが，しかし，民事訴訟の改革が検討されることはほとんどなかったという点である。これには，訴訟が雇用関係の継続に向けた解決には適合的でないとの評価も影響しているが，また，裁判所が労働事件の特質に対する理解を次第に後退させ，数次の民事訴訟法改正においてもこの点での配慮が見られなかった等の事情も無視できない[12]。

　第二点は，論者が紛争処理制度の充実を語る場合の目的なり，理念という点で，多少のずれが見られることである。多少誇張するならば，権利保障の実効性を高める，という観点を重視する見解と，調整的な解決の重要性を強調する見解との対立という図式を描けるかもしれない[13]。前者は，既存の紛争解決シス

10)　安枝英訷「労使紛争解決システムの現状と課題」学会誌80号5頁以下。
11)　1994年にも，「労働契約法制の立法論的検討」というメインテーマの下で，契約紛争の処理が取り上げられている。浜村彰「労働契約と紛争処理制度」学会誌82号131頁。ここでは，労使関係の特質を踏まえると，調整的手続を中軸において新たな制度設計をすることが望ましく，行政型の紛争処理モデルとして，労政事務所を労働委員会に統合して，労働委員会に雇用関係部を創設する可能性が，また，司法型のモデルとして，民事調停をベースに労使代表が参加する雇用関係調停手続が提言されている。
12)　労働民事訴訟の動向と問題点に関しては，萩澤清彦「労働民事訴訟の軌跡と課題」中野貞一郎他編『民事手続法学の革新　上巻』(1991年，有斐閣)681頁参照。
13)　たとえば，片岡曻他編『労使紛争と法』(1995年，有斐閣)。

テムが,実体法の権利保障を十分に実現できておらず,その充実こそがまず重要であると言う。後者は,労働関係が継続的な関係である以上,ともかくも両当事者の納得がなければ紛争解決はあり得ない,と主張する。

確かに,労働関係が継続する中で,あるいは,それを目指して紛争の解決を試みる場合,両当事者の納得が解決のための最重要条件となり,そのためには権利関係の確認よりも,両当事者の利害の調整に焦点を絞る方が適切な場合もある。しかし,労働関係の終了とともに紛争が顕在化し,しかも紛争解決後に労働関係が継続しないケースが多いことも事実である。この場合,調整的解決の必要性は相対的に低下し,むしろ,実体法の遵守を促す観点から,権利関係を前提にした解決を実効的に行う方が適切な場合も多い。このような見解のずれには,もちろん労働紛争処理に関する基本的な立場の相違が反映されているが,また,念頭におかれた紛争形態の相違も影響しているように思われる。

以上のような学説上の議論とともに,この時期,労使の団体や弁護士会など諸団体からも,あるべき紛争処理制度に関する提言が相次いでなされた。労使団体について言えば,日経連は,裁判所の民事調停を活用する案を提言したのに対し,[14] 連合は,労働委員会の組織を改編して,相談業務と調整手続を導入するよう提言している。[15]

Ⅳ 行政機関による対応

諸団体の提言などが相次ぐ中,旧労働省は,行政 ADR の創設に向けて動き出すことになる。その第一歩は,1998年9月の労基法改正で導入された,労働基準局長(現在は労働局長)による紛争解決援助制度である。しかし,直後の10月には,労使関係法研究会が「我が国における労使紛争の解決と労働委員会制度の在り方に関する報告」を発表し,「情報提供・相談のワン・ストップ・サービス及び簡易なあっせんサービスなどを中心とした公的サービスを整えるこ

---

14) 日経連「労働委員会制度の今後の在り方について」(1998年4月)
15) 連合「新しい労使紛争解決システムの研究――「労働委員会制度のあり方研究会」の最終まとめ」1998年6月(労旬1435号)

とが求められている」と述べ,さらなる施策を求めた。そして,その具体的方法として,労働委員会活用案,労政主管事務所活用案,民事調停制度活用案,都道府県労働局案など,多様な選択肢を検討している。もっとも,この報告自体は,それらの優劣について態度を表明するものではなかったが,2000年12月25日の個別的労使紛争処理問題検討会議報告「個別的労使紛争処理システムの在り方について」においては,民事調停の活用も視野に入れつつ,それだけでは不十分として,行政機関によるシステムの整備が必要と述べ,労働局案と労働委員会案の双方を検討している。なお,この間,2000年7月には,全国労働委員会連絡協議会が,「労働委員会制度の在り方に関する検討委員会報告」を出し,労働委員会が個別労働紛争処理を行う方向を明確にしている。したがって,行政側では,主として労働局案と労働委員会案という二つの可能性が検討されていたわけであるが,ADRが複数並立することは,ユーザーの選択肢の幅を広げる利点があるとの判断もあり,結局,その両方が実現することになる。すなわち,2001年6月に成立した「個別労働関係紛争の解決の促進に関する法律」(同10月施行) は,労働局に設けられた紛争調整委員会によるあっせん制度を導入したが[16],他方で,地方公共団体が行う情報提供,相談,あっせんなどの施策についても規定し(同法20条),現在,ほとんどの地方労働委員会が,個別労働紛争にかかるあっせん事業に乗り出している。

V 裁判所による対応

この時期,民事訴訟一般について,個別労働紛争処理にとっても重要な状況変化があったことは看過すべきでない。その一つは,1998年の新民事訴訟法に象徴される,民事訴訟全般についての迅速審理に向けた取り組みである。実際,この努力の結果,労働事件についても1991年には20.3ヶ月であった処理期間が,2001年には13.5ヶ月まで短縮されている。もう一つは,少額訴訟制度の導入である。この手続は,訴額が30万円以下の事件につき(2004年4月からは60万円以

---

[16] 平成15年度において,労働局長の助言・指導の申請を受理した件数は4377件,紛争調整委員会によるあっせん申請を受理した件数は5352件となっている。

下), 原則として1回の期日で結論を出すものであり, 簡易, 迅速な処理が可能となっている。2001年に東京簡裁に係属した少額訴訟事件2251件のうち, 308件が労働事件であり, 同制度が, 労働事件についてもある程度機能していることがわかる。

しかし, 民事訴訟に関するこのような状況変化や, また, 調停手続の存在を考慮しても, 裁判所での個別労働紛争処理には限界があるとの認識が覆されることはなかった。実際, 労働事件が少額事件に限定されるわけではないし, また, 審理が促進されたと言っても, 1年を超える処理期間は労働者にとって長すぎる。さらに, 多少の変化があっても, 労働者にとって裁判所が遠い存在であることに変わりはなく, 実際, 冒頭にも述べたように, 裁判所に提起される労働訴訟の数が爆発的に増加したわけでもない。したがって, 裁判所側から見れば静かな状況が続いていたのかもしれない。しかし, 司法制度改革審議会の意見書は, こうした状況を一変させることになる。

VI 司法制度改革審議会意見書

1999年に設置された司法制度改革審議会は, 2001年6月12日にその意見書を発表した。意見書は, 今後の日本社会において司法が果たすべき役割を示したが, その具体的内容の一つとして, 労働関係事件への総合的な対応強化を挙げた。

意見書は, 労働の分野においても司法がより積極的な役割を果たすべきこと, また, 労働事件が高度の専門性を有すること, それ故に, 専門性に対応した特別な処理体制が必要となることなどを前提にしつつ, 具体的には, (1)労働関係訴訟事件の審理期間を半減するための方策を実施すること, 及び, (2)雇用・労使関係に関する専門的知識・経験を有する者の関与する労働調停を導入することを求め, さらに, (3)労働委員会の救済命令に対する司法審査の在り方, (4)雇用・労使関係に関する専門的知識・経験を有する者の関与する裁判制度の導入の当否, (5)労働関係事件固有の訴訟手続きの整備の要否に関して, 早急に検討すべきことを述べた。

すでに指摘されているように，この意見書が，労働事件の専門性を認知し，それへの対応の必要性を示したことは，従来，そうした専門性の否定の上に構築されてきた我が国民事訴訟の在り方そのものに反省を迫るものであり，その意義は大きい。[17] もっとも，この間 ADR が相当に整備され，意見書も，訴訟に限定せず，労働事件の性質に応じた適正・迅速な解決の可能性を総合的に検討すべきだとした。この課題について検討を行ったのが，司法制度改革推進本部に設置された労働検討会である。

　検討会においては，労働事件の専門性に関する共通認識が確認された後，あるべき紛争処理方法に関して議論が行われた。その際，労働調停の整備による対応を主張する見解と，労働参審の導入による民事訴訟の改革まで主張する見解とが対立することとなったが，最終的には，労働審判制度なる新たな紛争処理手続が考案され，今般，これを具体化した労働審判法が成立することになった。[18]

　この手続の最大の特徴は，3 回の期日での処理を原則にすること，すなわち迅速処理という点にあり，これによって上記(1)の課題に応えるものである。また，調停制度を組み込んでいる点で，(2)の課題にも応えている。もっとも，労働審判手続は，調停の単なる延長ではなく，審判という判定を，労働関係に関して専門的知見を有する者と裁判官とで構成する労働審判委員会が下すという構造になっている。この点に，労働参審と共通する設計思想を見出すことが可能である。しかし，本手続の妙味は，むしろ，権利関係を踏まえながらも，柔軟な解決案を審判として下すことができる点にあると言うべきである。継続的な関係であり，また，人的性格も色濃い個別労働紛争を処理するためには，権利関係を踏まえながらも，柔軟な解決が望まれる場合が生じる。本手続は，労使関係についての専門的知見を生かしながら，こうした柔軟な解決に道を開く

---

[17] 司法制度改革審議会意見書の意義や審議会における議論動向については，菅野和夫「司法制度改革と労働裁判」学会誌98号73頁参照。

[18] 労働検討会の審議内容については，菅野和夫「司法制度改革と労働検討会」自由と正義55巻第 6 号14頁を参照されたい。また，同号では，横溝正子弁護士が日弁連としての対応について，また，検討会委員であった鵜飼良昭弁護士と石嵜信憲弁護士が，それぞれ労使代理人の立場から検討会の成果を論じている。

ものであり，意見書が求めた，個別労働紛争に関する適正・迅速な処理を実現しようとするものと言える。

Ⅶ　お わ り に

　労働審判制度が設計どおりに運用されるならば，多くの個別労働紛争が適正・迅速に解決されると期待できる。しかし，残された課題があることも否定できない。とくに，訴訟本体には，何ら手がつけられなかった。もちろん，労働審判制度が機能し，そこで処理される事件数が増えれば，労働法や労使関係に関する専門性を高めた裁判官が数多く養成されると期待できるし，また，審判を経た訴訟は，すでに証拠収集などの大半が終わっていようから，事実上，訴訟も迅速化される可能性は大きい[18]。しかし，審判に対して異議申立がなされると訴訟になるわけであり，この場合，ステップが一つ加わることは否定できない。また，審判になじまないと判断される場合があるし，最初から訴訟が選択されることもある。そして，何よりも，審判制度発足後も，判例法理の形成が主として訴訟手続においてなされ，それが審判にも決定的な影響を与える点が重要である。訴訟は依然として労働紛争処理の「扇の要」である。したがって，訴訟を労働事件の特質を踏まえたものへと改革することは，やはり最重要の課題であり，そのための制度的整備を議論することはなお必要である。司法への国民参加の推進という司法制度改革審議会意見書の提言も踏まえつつ，労働審判制度の運用やその定着状況を見ながら，引き続き訴訟制度の改革について議論することが，ぜひとも必要である。

（むらなか　たかし）

雇用社会における法の支配と新たな救済システム
——労働審判制度の意義と展望——

豊 川 義 明
(関西学院大学法科大学院・弁護士)

は じ め に

　今次の司法改革は，戦後の司法改革に次ぐ大規模なものであり，現在も進行中である。この改革の主要な柱の一つは，司法制度における国民的基盤の強化である。労働審判制度は，労働裁判分野における国民の司法参加の具体化であり，刑事分野における裁判員制度とその理念を共通にするものである。

　本稿は，2004年4月28日に成立した労働審判法について，これまでの救済システムと比較検討するとともに，2年以内に施行される労働審判制度が社会に信頼され，安定的に定着するための課題と展望を明らかにしようとするものである。

I　実体法と救済システム

　権利義務を定めた実体法が存在しても，これらの紛争を解決する救済システムが十分な機能を営んでいなければ，実体法は社会生活において意味をもたないことはいうまでもない。また救済システムが充分なものであるならば，「書かれない法」のみならず「書かれた法」の発展，創造も進むことになる。総括的にいえば，わが国において雇用社会のみならず，社会全体に権利救済システムが，そのインフラも含めて十全ではなく，実体法の社会での現実化も充分にはかられてこなかったと思われる。ここ数年にわたって問題となっている「内部告発」といった社会事象も雇用社会における非法状態の反映である。

　私は，司法制度改革審議会の議論に注目してきたが，01年6月12日の「同意

見書——21世紀の日本を支える司法制度——」に提示された内容については，積極的に評価する立場にたってきた。「労働関係事件への総合的な対応強化」の項に示された内容を実現するために，弁護士会側からの立場で，可能な限りコミットを行ってきた。雇用社会においても「法の支配」の確立は，喫緊の課題であり，労働法の領域と重なり合いながら，さらにそれを越えて，この内容を雇用社会に具体化する作業が必要であると考えている。そして昨年，労働組合の組織率が20％を割り込んだという情勢のなかで，激増している個別労働紛争の適正，迅速な解決のために司法制度としての新しい受け皿である労働審判制度が「法の支配」の確立のため，重要な役割を果たすことが期待されている。

II これまでの救済システムの特徴と評価
——労働審判制度との関連で——

　労働審判制度との関連でこれまでの救済システムの特徴と評価について，最低限必要な整理をする。労働裁判は，平成14年の新受件数は2309件であって，この10年間において，その件数がほぼ三倍強になったといえるにしても，労働者にとって時間と費用がかかるものであり，重くて利用しにくいと判断されている。勿論，地裁での判決までの審理期間は，新民事訴訟法の実施と裁判官，当事者の努力もあり，確実に短くなってきているが，なお13.5カ月程度かかっている。但し，人証調べを行ったものの平均審理期間は21.2カ月である。東京，大阪，名古屋，福岡などに労働専門部なり，集中部（他の事件も扱う）があるが，労働部の裁判官も通常の人事ローテーションで移動するなど専門性が確保されていないし，判例の不確実性を指摘する意見もある。[1]

　仮処分事件については，これが終局裁判でないというだけでなく，仮処分の必要性の厳格化や主文の暫定性の「強化」（例えば，解雇の無効による賃金請求事件でも，かっての「本案一審判決まで仮に支払え」から数カ月に限定するなど）により，利用しにくくなっているといわれている。なお決定に至ったものの平均審理期

---

[1] 大竹文雄「整理解雇の実証分析」（大竹文雄・大内伸哉・山川隆一編『解雇法制を考える』142頁（勁草書房）／2002.12.10。

間は4.7カ月である（いずれも，平成13年度であり，最高裁判所調査による）。さて集団的労働関係についての労働委員会制度であるが，命令までに大変時間がかかっており「事実上の5審制」と言われる制度上の制約もあり[2]，利用することの実効性が喪失しつつある。今般，労働委員会制度の機能強化にむけて，労組法の改正がなされることになっているが，こうした弊害を克服できるかについては，予断を許さないと思われる[3]。

ところで，特徴的なのは，行政機関による個別紛争解決へのアプローチであり，2001年10月から施行された「個別労働関係紛争の解決の促進に関する法律（略称，個別労働紛争解決促進法）」による相談件数は，厚生労働省によれば平成14年で62万件であり，そのうち，民事事件は10万件，助言指導の申し出は2332件，斡旋申請3036件と言う。なお，斡旋申請案件の内，合意成立は，33.7％，打ち切りは48.2％であり，この場合に当事者が出てこない割合が高いとのことである。こうした激増している個別紛争事案に労働審判制は対応することが出来よう。

III 労働審判制度の趣旨と概要

1 目　的

(1) 労働審判手続きは，個々の労働者と事業者との個別の労働関係紛争事件について事物管轄とは関係なく，地方裁判所が，迅速，適正かつ実効性ある解決を図ることを目的とし，当事者の申立により，審理手続を開始する。審理の結果，「調停の成立による解決の見込みがある場合には，これを試み，その解決に至らない場合には，労働審判を行う」（法1条）ものである。

(2) 審判体と審判

---

[2] 「不当労働行為審査制度の在り方に関する研究会報告」によれば，平成11～13年の平均で審理日数は，初審797.0日，再審査1529.7日である。尚，初審不服率は78.1％である。又，同期間中初審命令に対する取り消し訴訟の審理期間は565.6日，終局665.0日，再審査命令に対する取り消し訴訟の審議期間は，それぞれ882.5日，1036.3日となっている。

[3] この点につき拙稿「労働裁判改革と不当労働行為制度」（労働法律旬報1567＋68号／2004.1.25／33頁以下）

シンポジウムⅢ　労働関係紛争処理の新潮流——労働審判制度の創設・労働委員会制度改革

労働審判は，裁判官である労働審判官1名及び労働関係に関する専門的な知識経験を有する労働審判員2名で組織する。

審判は，労働審判委員会（法第7,8条）が「当事者の権利関係及び労働審判手続の経過を踏まえて行う」（法第20条1項）ものとされる。

(3)　迅速性——三回期日原則

審判期日は，特別の事情がある場合を除いて3回以内の期日において，審理を終結しなければならない（法第15条第2項）とされており，労働審判を行うことが紛争の適正かつ迅速な解決のため，適当でないと認める時は，審判を行わずに事件を終了させることが出来る（法24条第1項）。

(4)　効力及び訴訟との連携——訴え提起の擬制など

審判に異議あれば，審判書の送達又は，告知日から二週間内に申し立てをすれば，審判は効力を失う（法21条）とともに，審判申立の時に（係属していた地方裁判所に）訴訟の提起があったものとみなされ（法22条，このことは，前記の「審判によらない事件の終了の場合」も同様である（法24条2項）。

異議の申立がないときは，審判は，裁判上の和解と同一の効力を有する（法21条4項）。

Ⅳ　意義と評価

1　労働事件における初めての裁判手続の改革

戦後においても労働裁判は，民事訴訟法，民事保全法といった当事者対等を理念にした手続きのなかの一類型でしかなかった。労働審判手続きは，手続法とはいえ労働裁判における戦後はじめての改革である。

これまでの労働裁判においては，労働仮処分としての様々な創意工夫（主文の内容や必要性の要件の緩和など），本案における立証責任の転換，集中審理など，労働裁判の特質からくる一定の改善を民事訴訟手続のなかで実現してきたが，

---

4)　なお，私見によれば，労働裁判の特質は(1)証拠の偏在など対等性の不存在，(2)継続性と流動性，(3)迅速性，(4)人格的色彩の濃さ，(5)専門性など，である（参照，拙稿，「労働裁判の分野から」『裁判の法社会学(1)　有斐閣1990年』）。

労働審判制度は，制度の改革である。労働紛争についての裁判手続のあり方が，民事訴訟法の手続から初めて抜け出したといえる。このことの意義は，参審制や固有の労働裁判手続法の制定など，今後の労働裁判改革のスタートとして確認されてよい。

2　手続と評決への労使の参加

周知のとおり，司法制度改革審議会意見書（01年6月12日）は，「労働関係事件への総合的な対応強化」が必要であるとし，「雇用労働関係に関する専門的な知識経験を有する者の関与する裁判制度の導入の当否，労働関係事件固有の訴訟手続の整備の要否について，早急に検討すべきである」としていた。内閣におかれた司法改革推進本部の労働検討会（菅野和夫座長）は，この意見書を踏まえ，鋭意検討を進めてきた。ここでの中心課題は，労働参審制の導入の是非にあった。[5] 今次改革では，労働参審制の導入には至らなかったけれども，専門的な知識経験を有する労使のなかから任命され，審判委員会を構成する審判員は，「労働審判手続における参審員」であって，労働審判は，労働参審制の代替案との評価もできるとともに，独における労働裁判所に近い制度と評価出来る。そしてこの「労使参審」制は，この手続が広汎に利用されるための制度的な保障の要とも言うべきものである。この点，労働委員会における労使参与が，それぞれの利益代表の立場であり，しかも評決に参加しないこととは，根本的かつ決定的な相違である。労働審判において，労使の審判員が中立，公正の立場に立ち，事案の結論に向け審判官とともに討議し，共働して判断に至ることが，本質的に重要な要素であって，このプロセスを経た判断こそが雇用社会に安定的に受容されるものであって，法の支配の確立につながるのである。すなわち判断への参加による責任の共有こそが，審判制度への信頼を労使双方に生み出すことになる。その点で，労働委員会制度が，いまだ労使双方から充分な信頼を得ていない一因には前記の制度的構造が存在すると私は考えている。なお補足すれば，労使とは別に「公益」委員という範疇が存在することは今日では疑問である。何故なら「労働者，使用者」の各側から選出されても制度の

5）　この間の経過については，本書村中教授論文を参照されたい。

シンポジウムⅢ　労働関係紛争処理の新潮流——労働審判制度の創設・労働委員会制度改革

スキームにより仏の労働審判所のように中立，公正な立場は確保されるし，こうした制度によっても「独立，公正」な判断，すなわち「公益」が実現されるからである。

3　簡易，迅速な手続き

労働審判は，三回の期日で判断に至るという簡易，迅速性を本質的な要請にする。このなかで，調停の成立も試みられる。審理のイメージは，典型例では第一回で訴状，答弁書の陳述，釈明など一定の争点整理，第二回で本格的な争点整理と証拠調べの決定，第三回で人証などの実施と結審ということになる。勿論，事案に則して審理期日１回目での調停の成立や２回目での証拠調べの終了も充分ありうる。そして，迅速性が生命であるということは，この手続きを利用するについて，複雑な事案との取捨選択は進むことになる。労働審判が審理に要する期間としては，仮処分との対比において，遅くとも４〜５カ月までとする体勢をつくることが必要である。

4　どんな紛争に有効か

労使の専門性が生かされること並びに三回の期日という迅速な審理であるという特質に適した事件とはいかなるものか，である。

審判制は中立，公正な労使審判員の参加によって，事案の解明力の高まりと事実の認定の適正さはもとより，結論の妥当性についても，積極的，肯定的に評価されることになる。解雇事件や，賃金不払いなどでも，簡明な事案は審判に適しているし，セクシュアル・ハラスメントや職場でのいじめ事案等も，事実関係が複雑でなければ労働審判に適するといえる。

就業規則変更による労働条件の不利益変更事件については，構造的というか複雑なものは，三回の期日で審理を終えることには無理がある。コース別管理等，性による差別事件も同様であろう。こうしてみてくると，審判手続のこれからの運用の中で，序々に裁判や仮処分との利用関係は，整序されていくことになる。仮処分事件は，むしろ利用が少なくなることが予測される。

そして，個別紛争解決促進法による行政ADRとの連携が，行政による助言

も含めて,「制度的」に確立することが望ましい。

即ち,行政に向かった個別労働紛争のうち,労働の審判手続にふさわしいものは,行政ADRから積極的に労働審判に回付されるネットワークの確立が構想されてよい(独における02年労働裁判所の新受件数は64万2440件という多数にのぼっている)。

5 主文の弾力性

審判の内容は,事案の性格と,当事者の意思に応じて,従来の労働裁判における判決主文よりは,弾力性を持つものとなる。

この点について,前述のとおり,審判法は,「審判委員会は,審理の結果認められる当事者間の権利関係及び労働審判手続きの経過を踏まえて,労働審判を行うものとし(法20条1項),審判においては,「当事者間の権利関係を確認し,金銭の支払い,物の引渡しその他の財産上の給付を命じ,その他,個別労働関係民事紛争の解決をするために,相当と認める事項を定める事が出来る(法20条2項)」としている(傍点筆者)。この法文上から,審判手続き進行中の当事者,とりわけて労働者側の解決内容についての意思や使用者側も含めた解決方法についての弾力性が予定されていると読むことができる。「相当と認める事項」とは,具体的には,財産上の給付を審判手続のなかで,当事者が合意した新たな人事,賃金上の制度化の条件に関わらす事も出来よう。また審理のなかで,労働者の退職意思が確認されれば,解雇無効の判断とともに,金員の支払いを命じる主文になることもありうる。但し,これらの点は,この手続の安定的な定着化のためにも,審判実務運用のなかで慎重な判断が必要である。

V 課題と具体化

1 専門性の保障

専門的な経験は,事案の把握力を高めるとともに個別事案において具体的に,妥当な結論を導くことができる。既に述べたように,労使の審判員は,利益代表ではなく,雇用社会に法の支配を実現するため中立,公正の立場で判断に参

加する。このことは，導入時の広報はもとより研修の場を通して，しっかりと確認されなければならない。審判員については，労使の立場からの利益対立が持ち込まれてはならない配慮が必要である。また，審判官の専門性も求められる。審判官の専門性を研修だけでなく，人の特定化によって保障する政策が必要である。又，専門性を持った審判官確保のための方策として，労働者，使用者側を問わず，弁護士からの非常勤裁判官が活用されてよい。

2 労使からの審判員の供給体制

制度も人である。労働者側からも使用者側からも適切な「人」が得られなければならない。現役の人達が望ましいが，退職者も含めて対象者を拡大することになってよい（英国の例）。

中立，公正の立場で，日本の雇用社会に「法の支配」を確立することが必要との認識を持つ人が，任命名簿に登載されることが望ましいし，必要である。おそらく，労働組合と，経営団体からの推薦を地裁が受けて，最高裁判所が委嘱することになるであろう。この場合に，裁判所の任命方法については，最高裁規則で，規定することになる（法10条2，3項）が，弁護士会に推薦委員会をおくならまだしも，元々推薦する労使の団体とは別に，これに屋上屋を重ねる

---

6) 英の労働審判所の労働裁判官は，推薦制から公募による方式に最近改められた。ピータークラーク裁判官によれば，公正，透明性の確保のためと説明されている（労働検討会資料194の2）。

 我が国での経営団体においては，業種や企業規模への配慮は必要であるし，労働団体については，各都道府県に存在する労働組合から上部団体に捉われずに公正に推薦される方式が考えられるべきである。労働組合の組織率が20％を割っていること，労働組合が企業別組合であるという閉鎖性をもつ条件があるにしても，現状においては，労働組合組織を前提にせざるを得ないが，より公正なシステムとして，従業員代表制の構想などと共通した検討と具体化が必要になるのではなかろうか。

7) なお，労働審判制についての論稿として，『自由と正義』（04年6月号55巻）特集記事，菅野和夫「司法制度改革と労働検討会」，構溝正子「日弁連労働法制委員会と労働検討会」，鵜飼良昭「労働側弁護士から見た労働検討会の成果」，石嵜信憲「使用者側代理人から見た労働検討会の成果」，鵜飼良昭「労働審判制度の概要と課題」（前掲注3）労働法律旬報24頁以下），定塚誠「労働事件の現状と新設された『労働審判制度』について」（判例タイムズNo.1147／2004.6.15），宮里邦雄「労働事件の現実と紛争解決システム」（季刊労働法205号2004年夏季38頁以降），毛塚勝利「労働審判制度」（法学教室 No.285／2004.6），中山慈夫「労働審判制度の創設にあたって」（経営法曹第140号1頁以下）

推薦機構は不必要であるし,人事の公正,透明の担保のためにも不適当である[6]。

研修のためのプログラムは裁判所や弁護士会が作ることになる。

3 審判制度の積極的な活用

新しい制度は,活用がなければ定着しない。労働側がこの制度を大いに活用することが大切である。関係する当事者には,この制度をよりよいものにしていく努力が求められる。裁判所による市民,労働者側への積極的な広報活動も具体化されるべきである。そうすれば「個別労働紛争解決促進法」による行政ADRの処理が,実効性を充分にもたない制約があるなかで,労使参加の審判制度は,司法作用として労働関係当事者に広く受け入れられることになると思われる。

Ⅵ 労働参審制への道筋

労働検討会においては,労働参審制について,いまだ経営側の体勢が充分でなく,まず労使参加の労働調停制の実現をして,そこから,段階的に労働参審制に移るべきである。わが国の労働裁判は機能しており,改革を必要とするほどのものではない,などの意見なども出され合意に至らなかった。しかし,労働審判法成立の際の衆参両院の付帯決議にもあるように,この審判手続の実施の人的インフラについては,この二年内に各地の地方裁判所に,全国で一千人規模の審判員の名簿登載者が必要と予測されている。この体勢は,確実に準備されることになりそうである。このことにより人的なインフラは整うことになるとともに,その後の労働審判制の安定的運用と成熟により,労働裁判における参審制の実現は,早晩,労使双方の共通の世論になることは間違いないであろう。

(とよかわ　よしあき)

労組法改正と労働委員会システムの見直し

道 幸 哲 也

(北海道大学)

I はじめに

　労使紛争の急増にともない，適切な紛争処理機関を整備する動きがみられる。個別労働関係解決促進法によるあっせん，各地労委による個別あっせん，さらに2004年には労働紛争の実情に即した迅速，適正かつ実効的な解決を図る労働審判手続を定めた労働審判法が成立した。個別的労使紛争につき処理・解決システムの整備は急速に進んでいる。他方，集団法の領域においては，制度の本格的な見直し動きは相変わらずみられない。ただ，不当労働行為制度については，事件処理が遅滞し実効性のある救済がなされないこと，労働委員会命令の2～3割が取消訴訟において取消されていることから，労組法の改正の動きが見られ，実現の見込みである。本稿では，不当労働行為審査制度の迅速，適正な運営を目的とする，厚労省内の労働政策審議会の建議さらに国会における労組法改正の動きを紹介し，その特徴，問題点を明らかにしたい[1]。なお，ミニシンポにおいては，参与委員の役割，労働審判制度との関連も議論されたが紙幅の関係でここでは取上げない。

---

1) 不当労働行為制度や法理の特徴，直面する諸問題については，道幸哲也①『不当労働行為の行政救済法理』(1998年，信山社)，道幸哲也②『不当労働行為法理の基本構造』(2002年，北大図書刊行会) を参照。また，労使関係法上の課題との関連については，道幸哲也「集団的労使関係処理システムからみた不当労働行為制度の見直し」季刊労働法205号 (2004年) 参照。

II　労組法改正案の国会提出までの経緯

　不当労働行為の審査制度のあり方については，事件処理の遅延防止を中心に種々論議がなされてきた。労組法改正案作成の具体的な動きは，1999年からスタートする。

　1999年7月に労働委員会の全国組織たる全国労働委員会連絡協議会（全労委）内部に労働委員会制度のあり方に関する検討委員会が発足し，2000年7月に報告書が発表され，不当労働行為審査制度における審査体制の強化と手続きの充実が強調された。同時に個別あっせん制度の導入が提言され[2]，多くの労働委員会において実現をみた。1999年7月に，「司法制度改革審議会」が発足し，2001年6月に「意見書」を発表し，労働関係事件への総合的な対応強化として救済命令の司法審査のあり方について検討すべきこと等を指摘した。2001年10月から厚労省内に「不当労働行為審査制度の在り方に関する研究会」が，全労委と司法制度改革審議会双方の議論をふまえた検討を開始し，2003年7月に研究会報告書が発表された[3]。同報告は，不当労働行為審査の迅速化・的確化を実現するため，審査に係る計画の作成，公益委員による証拠の提出命令など審査手続きの改善，公益委員の一部常勤化等の審査体制の改善，和解手続の明確化，労働委員会命令に対する取消訴訟における新たな証拠提出の制限等について提言し，その後の改革論議の基本的流れを形成した。同年8月に司法制度改革推進本部労働検討会が「労働関係事件への総合的対応強化についての中間的取りまとめ」を発表し，労働委員会の救済命令に対する司法審査の在り方について，労働委員会における不当労働行為事件の審査の際に，提出を命じられたにもかかわらず提出されなかった証拠が，救済命令の取消訴訟において提出されることに関して，何らかの制限を課するものとする旨の検討の必要性が指摘された。

　2003年9月から厚労省内の労働政策審議会の「労働委員会の審査迅速化等を

2）　報告内容につき，労委労協532号（2000年）28頁参照。また，労働委員会における個別あっせん制度導入の経緯，問題点については，道幸②94頁以下，比較法的な検討については，毛塚勝利編『個別労働紛争処理システムの国際比較』（2002年，日本労働研究機構）参照。
3）　報告内容につき，労働法律旬報1562号（2003年）42頁以下。

図るための方策に関する部会」において検討が開始され，12月に建議が発表された[4]。その内容は，現行の不当労働行為審査制度の問題点は，①審査期間の長期化と②労働委員会命令に対する司法審査の高い取消率であるとして四つの措置を提言している。その内容は概ね新法案に具体化され，2004年3月に労組法の一部を改正する法律案要綱と条文案が発表され，国会に提出された。しかし，今国会では成立せず，継続審議とされている。

III　労組法改正の内容と基本的問題点

労組法改正法案要綱の内容は以下のとおりである。

「1　**趣　旨**　労働委員会の不当労働行為審査制度は，使用者による不当労働行為が行われた場合に，その迅速な救済を図ることにより長期的に安定した労使関係を維持，確保するための制度であるが，審査の長期化が著しいこと，命令に対する取消率が高いこと等の問題が生じている。このため，審査の迅速化，的確化を図る必要があることから，審査手続及び審査体制を整備する等の労働組合法の改正を行うこととするものである。

2　主な措置事項
 (1)　計画的な審査　①労働委員会は，審問開始前に，争点・証拠や審問回数等を記載した審査の計画を作成するものとすること。②労働委員会は，審査の期間の目標を定めるとともに，目標の達成状況その他の審査の実施状況を公表するものとすること。
 (2)　迅速・的確な事実認定　①公益委員が合議により証人の出頭，物件の提出等を命ずることができるものとすること。②提出を命ぜられても提出されなかった物件については，命令の取消訴訟における証拠提出を制限するものとすること。
 (3)　中央労働委員会の審査体制の整備　①命令の発出は，公益委員全員（15人）の合議によらず，5人の公益委員で構成する小委員会の合議によることを原則とすること。②中央労働委員会が，地方労働委員会に対して研修，援助等を行うことができるものとすること。
 (4)　地方労働委員会に対する規制緩和　事務局に次長を配置する規制を廃止するとともに，条例による委員定数の増員又は小委員会制の導入を可能とするものとすること。
 (5)　和解の促進　①労働委員会は，当事者に和解を勧めることができるものとする

---
4)　内容につき，労働法令通信2003年12月28日号2頁以下。

こと。②労働委員会が作成した和解調書は，強制執行に関して債務名義とみなす等，和解の法的効果について規定するものとすること。
　3　施行期日　　平成17年1月1日，(3)②は公布の日施行予定」。

　改正法案に結実する一連の改正動向の基本的特徴と問題点をまず確認しておきたい。
　その一は，不当労働行為審査期間の長期化に対する審査の迅速化，また，司法審査における取消率の高さに対する審査の的確化が主目的とされている。しかし，このような事態が生じているのは申立件数が多く事件処理の遅延が顕著である東京，大阪の地労委及び中労委である。必ずしも全国の労働委員会の問題ではないことを確認しておきたい。多くの地労委ではむしろ申立件数の減少が論議されているほどである。
　その二は，和解についても一定の措置を提言（27条の14）しているが，基本的には命令まで行き，さらに取消訴訟を提起される事件に的確に対応することが目的とされている。実際には，労働委員会の事件処理において八割近くは命令まで行かず，和解等で解決する事件である。不当労働行為制度や労働委員会の在り方を考える際に，命令を重視するか和解を重視するかによって実質的に2つの制度観，イメージがあり[5]，両者は相補的な部分と対立する側面がある。今回の改正動向は，基本的に前者の側面を重視するものである。しかし，労働委員会制度の今後の在り方として，特に裁判所に比較しての優位性からみてそのような方向は妥当かは疑問の残るところである[6]。
　その三は，審査の迅速化，適正化という観点から，審査の計画化や事実認定を的確にするとともに審問の裁判化が図られている。公益委員の除斥・忌避制度（27条の2ないし5），証人等出頭命令・物件提出命令（27条の7），証人等の宣誓（27条の8），取消訴訟における証拠の申出の制限（27条の21）等がその具体例である。これは，適正な事実認定を通じて取消率の低下をめざすという狙いがあり，それなりに理解しうる規定である。他方，不当労働行為制度が労使

5）　不当労働行為制度観・イメージについては，道幸①53頁以下参照。
6）　不当労働行為法理の全体像については，道幸②215頁以下参照。

自治の延長であるという側面はあまり重視してはいないように見うけられる。不当労働行為事件の処理とか解決とはなにかという問題関心もほとんどみられない。行政救済法理の独自性は、不当労働行為の成否や救済命令さらに申立適格レベルにおいて危機的状況にあるが[7]、審問手続レベルにおいても司法化の動きが顕著といえる。

次に、個別論点毎に問題点を指摘したい。

第一は、迅速な審査体制の実現であり[8]、審査計画の作成（27条の6）と合議体による審査（24条の2）に関する規定が定められた。後者については、基本的な論点について公益委員全員の参加が確保されている（24条の2第2項）のでそれほど問題がないと思われる。他方、前者について27条の6は、審問開始前に当事者の意見を聴いて、①調査を行う手続において整理された争点及び証拠（その後の審査の手続における取調べが必要な証拠として整理されたものを含む）、②審問を行う期間及び回数並びに尋問する証人の数、③命令の交付の予定時期、について定めた審査計画書の作成を義務付けている。確かに審査計画の作成によって迅速な事件処理が図られるが、実務的には次のような問題が伏在していることにも留意すべきである。実際には運営如何ということになろうか。

その一は、和解との連動をどうするか。計画どおりいかないのが和解の面白さ、妙味である[9]。審査計画変更の余地は残されてはいるが（同条3項）、計画が一人歩きをすると迅速かつ効果的な和解を阻害する側面もある。また、計画化させることによって、事件を無理に不当労働行為「事件」として作出することもありうる。その二は、審問中も不当労働行為が継続している場合の処理である。正直言って計画が立たないケースも少なくない。その三は、証人・証言内容の予知の問題である。当事者が相手側証人に対して不当なプレッシャーをかけることがないとはいえず、また、手の内を明かすことは、相手側に証拠隠し

---

7) 最近の判例法理の問題点については、道幸哲也「組合申立による個人利益の救済」労働法律旬報1563号（2003年）4頁以下、同「法律時評　JR採用差別事件最高裁判決——行政救済法理の危機」法律時報76巻3号（2004年）1頁以下参照。

8) 労働委員会サイドにおける審査手続改善に関する提言は2004年9月に発表された「審査業務改善フォローアップ小委員会報告」（中央労働時報1023号20頁以下）参照。

9) 和解の実態については、道幸②146頁以下参照。

の機会を与える結果になることも考えられる。

　第二は，今改正の目玉といえる証拠調べに関する。27条の7は次に掲げる方法により証拠調べができると定めている。「一事実の認定に必要な限度において，当事者又は証人に出頭を命じて陳述させること。二事件に関係のある帳簿書類その他の物件であつて，当該物件によらなければ当該物件により認定すべき事実を認定することが困難となるおそれがあると認めるもの（以下「物件」という）の所持者に対し，当該物件の提出を命じ，又は提出された物件を留め置くこと」（1項）。同時に，物件提出命令の決定に当たっての個人の秘密及び事業者の事業上の秘密の保護についての配慮（2項），物件提出命令及び証人等出頭命令の際の参与委員の意見開示（4項），物件提出命令申立の際に明かにすべき事項（物件の表示，物件の趣旨，物件の所持者，証明すべき事実，6項）等の定めがある。また，証人等出頭命令や物件提出命令に対する不服につき中労委に対する審査や異議の申立手続が定まっている（27条の10）。さらに，違反に対しては過料に処される（32条の2）とともに取消訴訟段階における証拠の提出制限が規定されている（27条の21）。

　労働委員会実務において証拠の提出強制や証人出頭の強制については労組法22条（強制権限）の解釈適用の問題とされていた。同条に基づく強制権限の行使が総会付議事項（労働委員会規則5条1項7号，2項5号）であることもあって実際にはほとんど利用されていなかった。今改正は，正面から物件提出と証人等出頭につき強制手続を規定した点においてそれなりに評価することができる。とはいえ，次の四点において基本的問題が残されており，全体的に評価するときわめて使い勝手の悪い手続と思われる。労働委員会の審査を全体として阻害するという評価も可能である。

　その一として，事実認定の的確化は不当労働行為法理の確立の側面において基本的問題がある。つまり，不当労働行為事件の多くは，人事権行使の形でなされるので，（たとえ強制権限が認められたとしても）事実関係の解明には多大な困難をともなう。そこで労働委員会実務及び判例法理は大量観察方法や不当労働行為意思（推定）論等独自の法理を構築することによって妥当な解決をめざしてきた。[10]その点，取消訴訟においてしばしば労働委員会の事件処理方法や不

当労働行為法理につき批判的立場が示され，今改正は事実認定の的確化・厳格化の観点からその是正を図ったものといえる。しかし，この改正が，労使の実態に見合って形成されてきた不当労働行為法理自体の改変を迫るものならば多大な疑問がある。事実関係を明かにしようとしない使用者の態度・立場にこそ労働組合に対する一定のスタンスがみられるからである。

その二として，同手続には次のような内在的な問題もみられる。①物件提出命令につき，前段階として対象物件はなにかを明かにすることが困難な場合が少なくない。また，一連の手続の最中になされるかもしれない物件破棄へのチェックも困難である（民訴法222条参照[11]）。②地労委の物件提出命令や証人等出頭命令に対してなぜ中労委の審査が及ぶのかはあきらかでない。現行規定においてさえ，審査過程への中労委のチェックはなされていないからである。自治事務化との関連において説明は困難と思われる。③このような手続があるにもかかわらず，当該手続をとらなければ不当労働行為の認定につきより厳しい司法審査がなされる可能性がある。不当労働行為の成否の判断が制約されるとともに，後述のように手続履行のために事件が大幅に遅延することも想定される。

その三として，物件提出命令等の決定につき異議があれば，過料や不当労働行為の成否レベルで問題にしうるとともに，その決定自体を行政訴訟で独自に争いうるかが問題となる（明文の規定で禁止している例として公害紛争処理法42条の21の規定がある）。当該決定自体が独自の行政処分とみなされるので，中労委による審査とは別にその取消を求めて訴訟を提起しうることになろう（行政事件訴訟法8条）。こうなると当該訴訟の帰趨が決定するまでは円滑な審問がなされず，審問が大きく遅延する事態も考えられる。当該手続が重要な証人や物件の場合を前提としているので決定的である。

その四として，使用者が当該物件の提出を正当な理由なく拒否した場合には，取消訴訟において当該証拠の提出が制限されるので，それなりに意味があるとも解しうる。しかし，よく考えてみると，当該物件がなければ不当労働行為の

---

10) 不当労働行為法理の独自性については，道幸①58頁以下参照。
11) 三木浩一「文書提出命令の発令手続における文書の特定——最高裁平成13年2月22日決定を素材として——」石川明先生古稀祝賀『現代社会における民事手続法の展開（下）』（2002年，商事法務）110頁以下参照。

認定自体が決定的に困難になる。この点につき，民訴法224条1項に規定する裁判所が「当該文書の記載に関する相手方の主張を真実と認めることができる」旨の定めが必要になろう。そのような規定がなければ取消訴訟段階における提出制限はあまり意味をもたなくなるわけである。

第三は，取消訴訟段階における証拠の提出の制限に関する。上述の物件提出命令等の規定をうけて，27条の21は，「労働委員会が物件提出命令をしたにもかかわらず物件を提出しなかつた者（審査の手続において当事者でなかつた者を除く）は，裁判所に対し，当該物件提出命令に係る物件により認定すべき事実を証明するためには，当該物件に係る証拠の申出をすることができない。ただし，物件を提出しなかつたことについて正当な理由があると認められる場合は，この限りでない。」と定めている。

労委命令の司法審査の在り方につき，判例法理は，不当労働行為の成否についてほぼ完全な司法審査を認め（寿建築研究所事件：最二小判昭和53・11・24判例時報911号160頁），新証拠，新主張の提出を制限していない（例えば，米調達部東京支部事件：東京高判昭和36・1・30労民集11巻1号37頁，JR東日本事件：東京地判平成10・5・28労働判例739号40頁，朝日火災海上事件：東京高判平成15・9・30労働判例852号41頁）。新証拠等の提出を制限しない理由につき延岡郵便局事件：東京地判（昭和43・9・9労民集19巻5号1197頁）は，①審問段階で故意に主張，立証をしなかったことの認定が困難なこと，②審査委員の資格や審査の際の証言方法等に問題があること，③当事者が十分な立証をなしたと考えたのにもかかわらず，労働委員会が立証を不十分とみなしたならば，取消訴訟の段階で自分の立証を補強するために新証拠を提出することは当然であること，等をあげている。もっとも，近時このような判例法理を実質的に修正する動きもみられる（近畿システム管理事件：大阪高裁平成6・8・31労働判例604号23頁，上告は棄却されている［最三小判平成7・11・21労働判例694号22頁］，JR東日本事件：東京高判平成9・9・9労働判例734号72頁）。

12) 坂田宏「文書提出命令違反の効果」松本博之・宮崎公男編『講座 新民事訴訟法 Ⅱ』（1999年，弘文堂）95頁以下参照。
13) 取消訴訟の基本問題については，道幸哲也「救済命令の司法審査法理」季刊労働法188号（1999年）14頁以下，拙著①224頁以下参照。

では，取消訴訟段階における新主張，新立証の問題をどう考えるべきか。判例法理が，違法性の判断基準時を処分時（たとえば，灰孝小野田レミコン事件：東京高判平成5・9・29労働判例650号71頁，上告は棄却されている［最三小判平成7・10・3労働判例694号26頁］）としながらも，新主張，新立証をほぼ無制限に認めているのは，行政処分の違法性は客観的に定まるという前提があるように思われる。しかし，少なくとも新立証の側面については，反証の機会を十分に保障された当事者主義的対審構造の下，多様な行為・事項につき判断が示される労委命令については，必ずしもストレートにあてはまらないと思われる。当事者の立証活動によって，命令を発する時点においては，特定の判断したのが当然であると解されるからである。

その点，本法案は，審問時において提出を拒否した物件について，取消訴訟段階において証拠の申出を制限しうると定めており，労働委員会手続の重視という観点からは評価できる。ただ，前述のように審問時の物件提出等手続自体に決定的な使い勝手の悪さがあること，審問でも明らかにならなかった真の隠し玉的な証拠については対処できないこと，類似の物件を新規に作成する余地があるので対象物件の同一性についての争いが生じうること等の問題は残されている。そう考えると，労働委員会段階において提出されなかった証拠は，原則として取消訴訟段階において提出し得ないと端的に定めるほうが効果的と思われる。

第四は，和解のあり方に関する。27条の14は，和解につき次のことを定めている。①労働委員会は，審査の途中において，いつでも，当事者に和解を勧めることができること（1項），②救済命令等が確定するまでの間に当事者間で和解が成立し，当事者双方の申立てがあつた場合において，労働委員会が当該和解の内容が当事者間の労働関係の正常な秩序を維持させ，又は確立させるため適当と認めるときは，審査の手続は終了し（2項），和解に係る事件について既に発せられている救済命令等は，その効力を失うこと（3項），③労働委員会は，和解に金銭の一定額の支払又はその他の代替物若しくは有価証券の一定の数量の給付を内容とする合意が含まれる場合は，当事者双方の申立てにより，民事執行法22条5号に掲げる債務名義となる和解調書を作成すること（4，

5項)。

　和解はその内容如何にもよるが、基本的に迅速、納得のいく解決との側面において不当労働行為制度上好ましいものといえる。その点、労組法自体にその法的根拠が定められ、合意内容に一定の法的効力が認められたこと、さらに一連の手続において当事者のイニシアティブが重視されていることは評価しうる。なお、和解に係る事件について既に発せられている救済命令等（中労委段階の和解についての地労委命令・緊急命令等が想定されているものと思われる）の効力の喪失は、労働委員会実務上案外重要な難問であった。つまり、和解がなされ再審査申立が取下げられたにもかかわらず、地労委命令は残るので、命令を完全には履行した内容になっていない和解の場合には命令違反状態が生じるからである。もっとも、労働委員会実務は、命令違反として手続をすすめることはしていなかった。その点労働委員会実務に精通した規定となっている。

　ただ、2、3項に定める和解過程と労働委員会手続との関連については疑問がある。その一として、同項は、①和解の成立、②当事者双方の申立、③和解内容の相当性、を要件として審査手続の終了を定めている。①②③すべてを満たした場合には問題がないが、①②を満たすが③つまり和解内容に問題がある場合はやっかいである。この場合、審査手続を終了させないこと、つまり審問を継続することは当事者主義的な手続を採る限り困難であるからである。こう考えると2項は3項と連動して初めて意味があるのかもしれない。その二として、和解の当事者をどう考えるかという基本問題も残されている。つまり、組合申立について和解の際に組合員個人の意向を適切に反映しうるかの難問もある。このような疑義が残るような「和解」は27条の14の2項に定める「和解」とみなさないという処理も可能であろう。

Ⅳ　地労委サイドからの不当労働行為制度の見直し

　Ⅲにおいて検討したように、私は今次改正は、法的な整備との関連においては基本的に取消訴訟対策を目的としていると評価している。そのために事実認定の的確化、厳格化を図る仕組みが構想されており、中労委段階の事案や理論

的・事実関係の複雑な事件については適切な処理手続といえる。他面，このように司法手続化が進むと労働委員会制度のうまみ，つまり柔軟・迅速かつ将来的な解決という側面がどうしても希薄になりがちである。紛争発生直後に，迅速・適切な解決を目指して努力している地労委委員の立場からはやや釈然としない印象が残る。最後にこのような観点から現行不当労働行為の見直しの視点を提示しておきたい。

　労働委員会による紛争処理観・イメージは，基本的に2つの見解がみられる。和解による調整的処理を重視する立場と命令による判定的処理を重視する立場である。法学的もしくは中労委レベルになるとその考察対象が判定的解決を要する事件が中心となるのでどうしても後者の立場がとられやすい。

　しかし，基本的には不当労働行為制度は「労使」自治を支えるルールを職場において確立する目的を持つ。具体的には労働組合の自主的な結成・運営をサポートするわけであるが，それが適切になされるためには，①労使自治の担い手となりうる労働組合に一定の力量があること，②使用者も組合の存在自体を一定程度肯定していること，が不可欠と思われる。将来的に「健全な」労使関係を形成する前提でもある。以上の前提を欠く場合，たとえば確信犯的な使用者のケースや実質的に個人紛争であるケースについては，司法救済のほうが適切な処理ができると考える。

　このような基本的な立場から構想すると，労使自治の観点から労使当事者の意向に沿った「解決」と公労使委員による教育的指導が重要視される。いかに労使の納得を得るかという調整的・教育的機能を重視する解決システムこそが必要になる[14]。他方，自主的に解決できないケースについては「命令」を発することになるが，地労委段階においては必ずしも厳格な事実認定は必要と思われない。紛争解決にむけた労働委員会の事実認識，法的評価の提示で十分であろう[15]。この命令に異議のある者は中労委に再審査を申し立て，中労委段階において，厳格な事実認定に基づく判定的な処理がなされ，この中労委命令に対して

---

14) 紛争解決の主体はあくまで当事者であることや紛争の全面的解決の重要性は法社会学においても強調されている。たとえば，和田仁孝『民事紛争処理論』(1994年，信山社) 57, 58頁。同時に，交渉の多層的構造も指摘されている。和田＝太田＝阿部『交渉と紛争処理』(2002年，日本評論社) 14頁 (和田執筆)。

だけ司法審査が許されるという制度設計が適切と思われる。このように両者の役割・機能を明確に分担して制度構想をしたほうが全体として適切な解決が得られると思われる。今次改正で提起されている審問手続の司法化は中労委段階以降の問題と考えるべきであろう。地労委段階における過度の司法化は，無用に不当労働行為の「事件化」を促し，迅速・柔軟かつ将来をみすえた解決を阻害するおそれがあるからである。

(どうこう　てつなり)

---

15) ヴェレド・ペンサデ「労働委員会における判定権限と調整権限の併存　ADR の基本的論点のケース・スタディとして」本郷法政紀要10号（2001年）446頁。

個 別 報 告

安全配慮義務概念の拡張可能性
　　——合意なき労働関係及び工事発注者の安全配慮義務論——　　　　松本克美
ドイツにおける従業員代表の労働条件規整権限の正当性とその限界　　　高橋賢司
労働者へのセクシュアル・ハラスメントに関する紛争解決手続き
　　——新たな位置づけの検討　カナダ法とイギリス法を中心として——　柏﨑洋美

＜個別報告＞

安全配慮義務概念の拡張可能性
——合意なき労働関係及び工事発注者の安全配慮義務論——

松 本 克 美

（立命館大学）

I 本稿の課題

　日本において1970年代を通じて労災民事訴訟の中に登場してきた安全配慮義務概念は，1975年２月の最高裁判決（①自衛隊公務災害事件・最判昭50・２・25民集29・２・143）を画期として判例として定着してきたが，近時，労働環境における安全配慮義務概念の拡張可能性が問われる訴訟が相次いでいる。一つは，第二次大戦中の強制連行・強制労働訴訟において問われている国・企業の安全配慮義務の問題であり[1]，いま一つはトンネルじん肺訴訟で問われているトンネル工事の発注者としての国の安全配慮義務の問題である[2]。前者では，合意なき労働関係において安全配慮義務は成立するのかという問題が問われている。後者では，直接に労働契約関係になく，元請的立場に立たない発注者に，請負人の労働者に対する安全配慮義務が成立するのかが問われている。

　報告者は労働関係設定意思説（労働契約関係がなくても，使用者側に労働関係設定の意思があれば債務としての安全配慮義務が成立する）の立場から合意なき労働

---

1) この点については，松本克美「強制連行・強制労働と安全配慮義務（二）・完—— 合意なき労働関係における債務不履行責任成立の可否」立命館法学273号33頁以下（2001）参照。戦後補償訴訟の現状については，「特集・戦後補償問題の現状と展望」法時76巻１号５頁以下（2004）など。
2) 現在，国を相手取って，東京を初め，札幌，仙台，福岡等で提訴されているトンネルじん肺訴訟は，もともと元請ゼネコン企業等を相手取り，1997年以降，全国で約1500名の患者原告が50数件提訴してきた訴訟の大部分が和解で終結した後，発注者，及び規制権限行使の行政上の責任を負う国に立法的対応をとらせることも念頭におかれて提訴されたものである。当初のトンネルじん肺訴訟については，山下登司夫「トンネルじん肺」法と民主主義346号28頁以下参照（2000）。

関係においても安全配慮義務が成立することを主張し，一部の判決で同様の考えが採用されるに至っている（②京都大江山強制連行・強制労働事件・京都地判平15・1・15判時1822号83頁など）。また，後者については，労働者の安全への危険が予見される仕事を発注する注文者には，請負人の労働者の生命・身体・健康を配慮する信義則上の義務があり，とりわけ，自ら労働安全のための行政監督責任を負う国にはこのような発注者としての安全配慮義務違反の有無が厳しく問われるべきであると考えている。

以上の問題は，労働環境における安全配慮義務概念はそもそもいかなる意味で認められるべきか，その前提として当事者間に労働契約関係が存在することは必要条件であるのかという安全配慮義務の本質論の検討抜きには論じられない問題である。今回の報告は，安全配慮義務概念の本質論に遡ったうえで，近時の訴訟での争点に深く切り込むことによって，安全配慮義務概念の拡張可能性を展望したい。

II 合意なき労働関係における安全配慮義務論

強制連行・強制労働というのは，文字通り強制によって連行され，労働を強いられることである。そこには，事実上の労働関係はあったとしても，合意による労働関係はない。従って，ここで理論的に問題となるのは，合意のない労働関係において，果たして安全配慮義務が成立するのか，もし成立するとして，それは単なる不法行為の前提となる注意義務ではなく，それを超えた「債務」たり得るのかという点である。

1　直接契約関係が存在しない場合の安全配慮義務

(1)　最高裁判決

従来，当事者間に直接契約関係が存在しない場合の安全配慮義務については，③船長窒息死事件・最判平2・11・8判時1370号52頁（「本件船舶の運航委託契約の受託者であるYは，本件船舶を自己の業務の中に一体的に従属させ，本件事故の被害者である本件船舶の船長に対しその指揮監督権を行使する立場にあり，

右船長から実質的に労務の提供を受ける関係にあったというのであり、このような確定事実の下においては、Yは、信義則上、本件船舶の船長に対し安全配慮義務を負うものであるとした原審の判断は、正当として是認することができる。」——傍点引用者・以下同様)、④三菱重工神戸造船所事件・最判平成3・4・11判時1391号3頁（「上告人の下請企業の労働者が上告人の神戸造船所で労務の提供をするに当たっては、いわゆる社外工として、上告人の管理する設備、工具等を用い、事実上上告人の指揮、監督を受けて稼動し、その作業内容も上告人の従業員であるいわゆる本工とほとんど同じであったというのであり、このような事実関係の下においては、上告人は、下請企業の労働者との間に特別な社会的接触の関係に入ったもので、信義則上、右労働者に対し安全配慮義務を負うものとであるとした原審の判断は、正当として是認することができる。」）の二つの最高裁判決がある。これらの事例で最高裁が信義則上の安全配慮義務の成立を肯定したという点は支持し得るが、ただ、残された問題があるのではないか。それは、このような関係の中で安全配慮義務が成立するとしても、それがなぜ〈債務としての安全配慮義務であるのか〉という点である。契約関係にある当事者ならば、契約上の義務としての安全配慮義務が成立する、したがってそれは、債務としての安全配慮義務であるというのは明確だが、直接契約関係にない当事者間で信義則上の安全配慮義務が成立するとして、なぜ、それが〈債務〉であるといえるのか。この点について上記の最高裁判決は明確な理由を述べてはいない。

(2) 元請人の下請労働者に対する安全配慮義務をめぐる学説

理論的には、当事者間に直接契約関係が存在しない場合の安全配慮義務については、元請が下請労働者に対して安全配慮義務を負うのか否かという問題との関連で議論されてきた。従来、この点については、①重畳的債務引受説、②第三者の保護効を伴う契約説、③労働契約説、④労働関係説などが提唱されてきた[3]。ここでは、それぞれの評価を細かく述べている紙幅がないので、これら学説と最高裁判決との関係だけを指摘しておくと、最高裁判決は、結局は、当事者間の実質的な労働関係をもって信義則上の安全配慮義務成立を根拠付けて

---

3) 松本・前掲注1)59頁以下。

いる。これらの学説との関係でいえば，④の労働関係説に近いと言える。しかしこの構成だと，前述したように，なぜ労働関係という事実から生ずる義務が，債務となるのかが不明確である。上述の①から③の学説は，その点を説明するための法的構成を示しているが，いずれもなぜ，そのように解せるのかという根拠が，今ひとつ十分に説明されていないように思われる。

実はこの点に大きな理論的進展をもたらしたと思えるのが，⑤労務受領権限説である[4]。労務受領権限説の固有の意義は，元請人には下請人との請負契約関係を通じて，下請労働者に対して労務を請求する権限を有し，下請労働者は下請人との雇用契約関係に基づいて労務提供義務を負っているからという理由を付して，つまりこのような意味で，ここでの安全配慮義務も結局は，元請—下請の請負契約関係，下請—下請労働者の雇用契約関係という二重ではあるが，いずれも契約関係に媒介された義務であるからという理由で，元請の下請労働者に対する安全配慮義務を債務としての安全配慮義務であるとし，その違反は債務不履行責任を導くと構成することの正当性を論証しようとしている点にある。

(3) 労働関係設定意思説

この労務受領権限説に対して，私見は，それをさらに一歩進めた「労働関係設定意思説」を提唱している[5]。私見によれば，雇用契約上の安全配慮義務の法的根拠の中核的な要素は，使用者が契約上労務受領権限を有する点にあるわけではない。今一度，最高裁が初めて安全配慮義務を認めた上記①判決の判示を見ると，そこでは，国が公務員に対して信義則上安全配慮義務を負う実質的根拠を，「公務員が前記の義務（公務遂行義務――引用者注）を安んじて誠実に履行するためには，国が，公務員に対し安全配慮義務を負い，これを尽くすことが必要不可欠であり」ということに求めている。これを使用者と労働者との関係に一般化していえば，使用者が信義則上安全配慮義務を負う根拠は，「労働者が労務遂行義務を安んじて誠実に履行するためには，使用者が，労働者に対し安全配慮義務を負い，これを尽くすことが必要不可欠」だという点にある。

---

4) 高橋眞『安全配慮義務の研究』（成文堂，1992）140頁以下。
5) 詳細は，松本・前掲注1）論文62頁以下参照。

このように使用者の安全配慮義務の法的根拠を「他人に労務の提供を請求するからには，その安全に配慮すべき信義則上の義務がある」と考えた場合には，労務受領権限説が強調するように，安全配慮義務は使用者における「労務の受領という権利の行使に付随する義務」であるとして，それゆえに，労務の受領についての正当な権限が必要であり，従ってその前提として契約関係が必要であると限定する必要もなくなるのではないだろうか。

すなわち，「他人に労務の提供を請求する」点に安全配慮義務の成立の本質的メルクマールがあるとすれば，労働関係における本質的，第一次的な安全配慮義務成立のメルクマールは，労働関係において使用者が被用者をして自己の指揮・監督下において，自己の提供する施設・器具等を利用して労務を提供させ，また被用者がそのような中で労務を提供せざるを得ない関係にあるという事実と（それだけでは不法行為責任規範の適用におわる），それに加えて，そのような他人に対する労務の提供を他ならぬ使用者が自らの意思で要求している（自己決定・自己責任！）という点（従って債務を負担しなければならない）にあるのではないだろうか。従って，使用者に正当な労務請求権限があるか否かとか，労働者に法的な労務提供義務があるか否かは二次的な問題である。通常は何らかの契約関係があるから，このような正当な労務請求権限及び労働者の労務提供義務を前提とすることができるというのにすぎない。

このように，煎じ詰めれば，労働契約上の安全配慮義務も，労働関係を設定する使用者の意思が信義則により合理化されたものと捉えることができる（労働関係設定意思説）。もとより，これは当事者に何ら安全配慮義務についての合意が存在しない場合でも最低限課されるべき安全配慮義務の根拠であって，当事者の合意によりその内容が高められることは当然であり，その場合には，契約関係における合意が安全配慮義務の根拠をなすことになる。以上を前提にして，強制労働関係における安全配慮義務について検討を進めよう。

2　強制労働関係における安全配慮義務

(1)　判例動向

(a)　否定判決　さて強制連行・強制労働訴訟では，これまで，合意のない強

制労働関係においては，信義則上の安全配慮義務は成立しないという理由で，安全配慮義務の成立を否定する判決が相次いできた。たとえば，⑤福岡強制連行・強制労働事件・福岡地判平14・4・26判タ1098号267頁は企業の不法行為責任を認め，かつ，消滅時効の援用を信義則違反として制限し，また除斥期間の適用も本件事案では「正義，衡平の理念に著しく反する」として制限して賠償責任を結論としても肯定するという画期的な意義を持つ判決であったが，安全配慮義務の成立については否定したという点で問題も残す判決であった。この判決の安全配慮義務否定の理由は以下のとおりである。

「被告会社と原告らとの関係は，原告らの意思にかかわらず，被告会社が，一方的に生じさせた労使関係であり，事実上の支配ないし管理関係にすぎないことは，前記のとおりである。したがって，被告らと原告らとの間に，雇用契約等の契約関係，あるいはこれに準ずる関係が生じていたと認定することはできない。」「ところで，原告らは，被告会社と原告らとの間に，本件強制労働による使用従属関係に基づく事実上の雇用契約関係があり，これに基づいて被告会社が契約責任としての保護義務を負う旨主張するが，このような事実上の関係に基づき特定人を保護する一般的義務が課せられる場合があるとしても，かかる法律関係は，不法行為規範により規律されるべきものであるから，原告らの主張は採用できない。」要するに強制労働関係は合意のない「事実上の支配ないし管理関係にすぎない」ので，不法行為規範は生じても債務としての安全配慮義務は成立しないと言うわけである。

(b) 肯定判決 ところが，2年前の西松建設事件広島地裁判決以来，強制連行・強制労働における安全配慮義務を肯定する判決が4件出されており，非常に注目される。[7]

---

6) この判決については，松本克美「戦後補償訴訟の新展開——安全配慮義務及び時効・除斥期間問題を中心に」立命館法学283号48頁以下（2002）。戦後補償訴訟と時効・除斥問題については，松本克美「時効・除斥期間論の現状と課題」法律時報76巻1号37頁以下（2004）を参照されたい。
7) 本文であげる4判決の他に注目されるものとして，朝鮮からの強制連行・強制労働者の終戦後の送還における安全運送義務違反を認めた判決として，浮島丸事件・京都地判13・8・23判時1772号121頁，国の従軍慰安婦に対する安全配慮義務の成立可能性を認めたアジア太平洋戦争韓国人犠牲者事件・東京高判平15・7・22判時1843号32頁がある。

これらの判決の法的構成は，大きくいって，2つに分けることができる。
　(ア) 雇用契約・労働契約類似の法律関係が成立していたとする説　⑥西松建設強制連行・強制労働事件・広島地判平14・7・9判タ1110号253頁は，原告ら強制労働者と被告企業との間は，「直接の契約関係にはないが，被告と華北労工協会との間の上記契約によって被告の設定した労働現場において，被告の設置管理に係る設備機器等を提供し，他の雇用関係のある日本人一般労働者と役割分担の上，中国人労働者を指揮監督し使役するとともにその生活全般等をも監視し，管理掌握する関係にあったことが明らかであるから，被告と中国人労働者の関係は，同協会を介在させた特殊な雇用契約類似の法律関係」があったとして，これを根拠に信義則上の安全配慮義務の成立を認めた。同様の説をとるものとして，⑦新潟強制連行・強制労働事件・新潟地判平15・3・26（企業と同時に国の安全配慮義務違反責任も初めて認める），⑧福岡強制連行・強制労働事件・福岡高判平16・5・24がある。
　(イ) 労働関係設定意思を根拠とする説　これに対して，上記②大江山訴訟・京都地裁判決は，「被告会社は，契約を締結することなくして，原告ら6名との間で，同人らが被告会社のために継続的に労務に服すべき労働関係を設定したものというべきである。そうであれば，被告会社は，故意の不法行為によって上記労働関係を形成，維持したものであるから，ある法律関係に基づいて特別な社会的接触の関係に入ったといわなければならず，したがって原告ら6名に対して安全配慮義務を負うものというべきである。」として，私見の労働関係設定意思説に近い法的構成をしている。
　(2)　私　見
　強制労働はあってはならない人権侵害であって，その点は戦前日本においても同様であった[8]。従って，強制労働それ自体が不法行為にあたり得る性悟のものであることは論ずるまでもない。しかし，だからといって，不幸にも強制労働関係におちいった被強制労働者は労働を強制する主体（便宜上このような者も使用者と呼んでおく）に対して安全配慮義務の履行を請求することはできないのであろうか。また，その義務違反に対して債務不履行責任を追及し得るとする

8) この点の詳細は，松本・前掲注1)論文67頁以下に譲る。

ことは理論的に成り立ち得ないことなのだろうか。

　私見のように，労働関係上の使用者の安全配慮義務の最終的根拠が，使用者における他人に労務提供を請求する労働関係の設定意思に求められるならば，強制労働の使用者は，自ら労働関係を設定する意思を有していることにはかわりはないから，強制労働関係上の信義則に基づき債務としての安全配慮義務を負うと考えるべきである。強制労働関係において当事者間に契約関係が成立していないのは，労働者の落度ではなく，むしろ使用者の落度，しかも重大な故意による落度である。もしこの場合，違法に強制的に労働させられた者はそれだけでも自らの意思に反して労働に服し重大な人権侵害を被っているのに，更に使用者に自らの安全配慮も請求できないとすれば，二重の不利益を法が認めることになる。この場合，使用者が労働契約関係が存在しないことをもって安全配慮義務の存在を否定することが許されるならば，法はかかる不正義に加担することになってしまう。このような解釈は著しく正義に反し許されるべきではない。[9] まさに強制労働関係におけるこのような意味での信義則上の義務として，使用者は自らの意思で強制労働関係を作り出した者として，また，強制労働者は逆に自らの意思で労務の履行を義務付けられているのではないが故に，債務としての安全配慮義務が成立すると考えるべきである。もしこのような安全配慮義務を使用者が負担したくなければ，当然のことながら，他人をして強制労働をさせるような行為をしなければ良かったのである。強制労働についての自己責任を使用者は負担しなければならない。それが最低の信義というものではないだろうか。このように解しても強制労働関係において労務提供のための施設や器具，労働条件一般を管理しているのは使用者であり，また強制労働によって使用者は利益を得ているのであるから，危険責任の観点からも報償責

---

[9] ⑧福岡高裁判決は被告企業に債務としての安全配慮義務が成立することを認めた。その理由として，本判決は，「本来の規律に基づき，雇用契約を締結していれば債務不履行責任を負う実態にあるのに，自らの事情で雇用契約を締結しなかった使用者側が，労働者側を，直接支配・管理しながら義務の提供を実質上強制したときは，不法行為責任を負うのみで，債務不履行責任は一切これを免れるというのは肯認し難い不条理である。」点を強調する。なお，福岡高裁が，国についても国家無答責の法理を排斥して責任を認めながら，企業の責任とあわせて時効・除斥期間によって請求を棄却した点は，大きな問題である。この点は別稿で検討したい。

任の観点からも使用者に安全配慮義務が課され，その違反についての責任が課されても何ら公平に反しないというべきである。また強制労働関係設定への意思的関与が，契約関係があれば使用者に信義則上認められる債務としての安全配慮義務を，契約関係がなくても負担させることを合理化する。

このように強制労働関係において使用者に債務としての安全配慮義務を認めることによって，自らの意思に反して強制労働関係に組み込まれた労働者が使用者に対し安全配慮について請求し交渉し，その違反につき責任を追及するための法的道具としての安全配慮義務概念が獲得されることにもなる[10]。なお，戦前の強制連行・強制労働において国は債務としての安全配慮義務を負うのかという点も私見は肯定するが，その説明は紙幅の関係で，ここでは省略する[11]。

Ⅲ 工事発注者の安全配慮義務[12]

1 問題の所在

現在，トンネルじん肺訴訟において，国は発注者として請負企業や下請企業の労働者に対して安全配慮義務を負うのかが大きな争点の一つとして争われている。私見は，これを，請負契約上，注文者は請負人に対して，請負契約上の信義則に基づき安全配慮義務を負うのかという問題であり，もし，注文者が請負契約上安全配慮義務を負うならば，その安全配慮義務は，請負人の履行補助者としての下請企業や，その被用者にも及ぶと考えている。理論的には，この問題は，①安全配慮義務は雇用契約類似の関係に限定されるのか，②発注者の安全配慮義務の内容・性格如何，という点に帰着する。

---

10) 交渉規範としての安全配慮義務という概念については，山本隆司「安全配慮義務論序説」立命館法学171号632頁以下（1984），松本・前掲注1）論文50頁以下。
11) この点については，松本・前掲注1）73頁以下を参照されたい。
12) 工事発注者の責任については，不法行為責任や刑事責任を中心とした詳細な検討として，安西愈『建設労働災害と発注者の責任』（労働基準調査会，1994）がある。本稿は発注者の注文者としての安全配慮義務に焦点を当てた点で，安西の視点とは異なっている。

個別報告

2 〈使用従属関係〉アプローチと〈労働環境設定〉アプローチ

(1) 〈使用従属関係〉アプローチ

ところで，発注者の安全配慮義務との関係で問題となるのは，労務提供型契約においては，労務依頼者と労務提供者との間に使用従属的な関係がないと安全配慮義務は成立しないのかという点である。もし，このような当事者間に使用従属的な関係がなければ，安全配慮義務が成立しないとするならば，労務提供型契約における安全配慮義務は，そのような使用従属的な関係が認められる雇用契約や元請と下請労働者との間にのみ限定されることになろう（使用従属関係アプローチ）。

(2) 〈労働環境設定〉アプローチ

しかし，安全配慮義務は，何も使用従属関係のある労務提供型契約に限定される必然性はない。すなわち，雇用契約関係で何ゆえに安全配慮義務が信義則上認められるのか，その根拠にさかのぼって考察をすると，前述の最高裁昭和50年判決が指摘するように，使用者が生命・身体・健康の安全が害されるような労働環境を自ら設定しておきながら，その労働環境で契約上の義務としての労務の提供を要求するからには，労務提供者の安全に配慮しなければ，労務提供者は安んじて労務の提供ができず，信義則に反するからである。つまり，労務提供型契約における安全配慮義務成立の核心的メルクマールは，他人に労務の提供を要求するからには，その労務提供過程で，自ら設定した労働環境の中で労務提供者の生命・身体・健康の安全が害されないように配慮する信義則上の義務（安全配慮義務）が成立するという点にある。したがって，労務提供型契約における安全配慮義務成立の本質的メルクマールは，第一に，被害発生原因となる労働環境を自ら設定し，第二に，相手方に契約上の義務として，その労働環境での労務の提供を請求するという点にある。

このような点に着目する視点を「労働環境設定アプローチ」とすれば，下記のように，安全配慮義務は，労務提供型契約一般に認められるべきものであって，雇用契約や元請と下請労働者の間の特別な社会的接触関係に限定されるべきものではないといえる。すでに実際の裁判例でも広く労務提供型契約に安全配慮義務は認められている。

3 雇用契約以外の労務提供型契約における安全配慮義務肯定裁判例

⑨寺院山門屋根葺替作業転落死事件・岐阜地判昭56・8・31判時1036号98頁は,「一般に,ある契約関係に立つ当事者間においては,履行,受領等の契約的接触関係において一方又は双方の当事者につき,その生命,身体,財産等に危険の発生が予測される場合,その相手方は,当該契約の附随義務として,右の危険を注意(指示,説明等)してこれが回避を可能ならしめる義務を信義則上負っており,右義務の内容は,契約の種類,内容,右義務が問題となる当該具体的状況等によって定めるものというべきである。」「そして,このことは,当該契約が請負契約の場合であっても同断であって」として,請負契約上の注文者の安全配慮義務を認めている。その他にも,準委任契約や,組合契約などにおいても安全配慮義務の成立が認められた例がある(⑩新川簗組合・非組合員水死事件・盛岡地裁花巻支判昭52・10・17判時884号98頁,⑪団地管理組合芝刈機負傷事件・横浜地判昭53・2・3判タ498号134頁等)。

4 注文者の安全配慮義務

(1) 請負人の独立性

以上のように,実際の裁判例は,雇用契約ないしそれに準ずる法律関係がある場合にのみ安全配慮義務を肯定しているわけではない。上記⑨判決のように請負契約上の注文者の安全配慮義務を認めた例もあり,支持できる。なお,請負契約の場合,労務の提供は注文者から独立して行うのであって,雇用契約のように,使用者の指揮監督に従属して行うわけではない。この点は請負契約上の注文者の安全配慮義務に何か固有の特色をもたせるのだろうか。

例えば,建築について素人の一般の市民が大工に屋根の修繕を頼んだ場合に,大工が足を滑らせて転落して負傷したとしても,このことが直ちに注文者の安全配慮義務違反とされるわけではなく,むしろ請負人の不注意に基づく自己責任が問題となろう。しかし,例えば屋根が腐っていることを注文者が知っているのに,それを告げるのを忘れたために,屋根に上った大工が屋根を踏み外して負傷したような場合には,注文者の安全配慮義務違反を肯定できるのではないだろうか。なぜなら,注文者が請負人に労務の提供を請求しておきながら,

その労務の提供を安んじてなしうるような環境形成を阻害することは信義に反するからである。この意味で，前掲の山門屋根瓦葺事件判決が「請負人は，通常その判断と責任において仕事を完成させるものではあるけれども，注文者の支配領域にある事情が直接的に危険の発生を招くおそれのある場合，例えば，注文の内容自体に危険が隠れているとか，注文者が特殊な原材料を提供する場合でその性状，取扱方法がいまだ広く知られるに至っていないときなどは，あらかじめ注文者の側においてこれらの点を請負人に告知し請負人をして適切な措置をとらしめる義務があると解すべき」であるとした点は首肯できる。

ただし，「注文者の支配領域にある事情が直接的に危険の発生を招くおそれ」という事情は，請負人の具体的な安全配慮義務の十分条件ではあっても，この場合にあらかじめ限定すべき必然性はなく，結局，請負人に対して請負契約上の信義則に基づき安全配慮義務を負うとした場合でも，その内容・程度は，当該請負契約の具体的内容や当事者の地位等によって異なることになろう。

(2) 請負人の履行補助者に対する安全配慮義務

なお注文者は，自ら設定する労働環境において請負人が労務を提供する過程において，その生命・身体・健康の安全を配慮する信義則上の義務を負うとして，この義務は，請負人の使用する労働者や下請労働者にも及ぶかが問題となる。注文者と請負人には契約関係があるが，注文者と請負人の労働者ないし下請労働者との間には直接の契約関係がないからである。この点については，次のような従前の裁判例が参考になる。

⑫卵豆腐中毒事件・岐阜地裁大垣支判昭48・12・27判時725号19頁は，売買契約上の売主の安全配慮義務の趣旨が，売買目的物から発生する危険性から買主の生命，身体等の安全を配慮する点にあることから，「売買の目的物の使用・消費が合理的に予想される」買主の家族等にも安全配慮義務を負うことを明らかにしている。また⑬清涼飲用水運搬負傷事件・東京地判平8・2・13判タ916号166頁は，売買契約上，目的物の引渡義務を負う売主に対して，買主が信義則上安全配慮義務を負うとされた事案だが，この判決は，買主の安全配慮義務は，売主の目的物引渡義務の履行代行者である運送業者の履行補助者である従業員にも及ぶとした。ここでは，安全配慮義務を負う買主と直接の契約関

係はないが，契約関係から生ずる安全配慮義務の対象から生ずる危険性の暴露に晒された者にも安全配慮義務が及ぶとする点で，前者の判決と共通の論理を含んでいる。

トンネルじん肺などで注文者が請負人に対して負う安全配慮義務についても，この安全配慮義務は労務提供に対する安全配慮義務なのだから，請負人自身に代わって労務提供を行う履行代行者や履行補助者がいれば，その者に対してもこの安全配慮義務は及ぶと考えるべきである。

(3) 注文者の安全配慮義務と請負人の安全配慮義務

また，この場合，請負人自身は自らが雇用する労働者や下請労働者に対して，請負人固有の安全配慮義務を負っている。この請負人が自らの労働者ないし下請労働者に負う安全配慮義務と，注文者が請負人ないしその履行補助者である請負人の労働者や下請労働者に負う安全配慮義務は，それぞれ固有の契約関係に起因して発生する固有の安全配慮義務だから，両者は重複して並存する関係にあるのであって，排他的な関係に立つものではないと解すべきである。

(4) 注文者の不法行為責任と安全配慮義務

これまで，注文者が請負人やその履行代行者や履行補助者に対して負う安全配慮義務違反責任が追及される事案は，少なくとも公刊裁判例においては，稀であり，前述の山門屋根瓦葺事件が紹介されているくらいである。しかし，目を民法716条但書の注文者の不法行為責任に転じてみると，そこでは，注文者が発注した工事等において請負人の労働者に被害が発生した場合に，注文者の不法行為責任を肯定する判決が幾つか蓄積されていることが注目される（⑭姫路市建設労災事件・大阪地判昭48・5・31判時737号70頁，⑮京都市国道擁壁補強工事事件・大阪高判56・9・30判時1043号61頁，⑯山出町造成工事事件・仙台高判昭60・4・24判タ567号184頁）。

上記の事案では，それぞれ発注者たる市や町は，発生した労災事故については，請負人みずから雇用する労働者ないし下請労働者に対してその安全を配慮すべき義務を負っているのだから，発注者は被災者に対して不法行為責任を負わない旨を主張している。しかし，上記3判決はいずれもそのような免責理由を認めなかった。

その理由として，⑮大阪高判は，「施工業者自身にもこの点に関して施工上の注意義務が課されているからといって，そのゆえに控訴人主張のように注文又は指図をする注文者の右のような注意義務が軽減免除される筋合のものではない」とし，また，⑯仙台高判は，「請負人が第一次的な危険回避の責任を負うことの故に，注文者の右注意義務が皆無になるものではない」と判示している点が注目される。このことは，上述のように注文者の安全配慮義務と請負人の安全配慮義務との関係についても，示唆を与えている。

5 請負契約上の安全配慮義務違反と予見可能性及び主張証明責任

(1) 予見可能性

なお請負契約上の注文者の安全配慮義務違反と被害発生の予見可能性の問題を考える場合にも，注文者の不法行為上の注意義務に関する裁判例が参考になる。前述の⑭姫路市建設労災事件判決は，「およそ，注文者は，注文にかかる工事が，その性質上，当該労務者の身体に危険を及ぼすことが予測される場合には……各具体的状況に応じて，請負人に対し，その立場上当然期待されうる危険防止の措置を指示すべき義務があり」としている。⑮京都市国道工事事件判決も，「本件工事は，災害防除という公共目的のために控訴人がみずから計画し，専門的知識経験を有する担当者において工法等を決定して発注したものであり，その工事の施行も業者に一任していたわけではなく，注文工事自体又は工法等から事故発生の虞も容易に予見しえたものであることは前記のとおりであるから，本件事故が専ら右に認定した施工業者の過失のみに起因しているものと認めることは困難であって，元請人の植田工務店に控訴人主張のような過失を肯認するとしても，結局，本件事故は，工事発注者である控訴人の職員中野の注文又は指図の過失と，工事関係者の過失とが客観的に関連し競合した結果発生したものと認めるのが相当である」として，被害発生の抽象的な予見可能性をもって，結果回避義務が発生し，それを尽くさなければ過失があると判断している。

さらに，労災型事故ではない，公共工事が騒音被害や建物被害などを与えた場合でも，下級審裁判例は，抽象的な危険発生の予見可能性から結果回避義務

が生ずることを肯定してきている（⑰東京都地下鉄工事騒音事件・東京高判昭44・4・28判時554号25頁、⑱大阪地下鉄工事騒音等事件・大阪地判平1・8・7判時1326号18頁など）。

(2) 主張・立証責任

(a) 問題の所在　最後に発注者の安全配慮義務違反、発注者の不法行為上の過失の主張・証明責任につき言及しておこう。一般に、不法行為上の過失の主張・証明責任は不法行為に基づく損害賠償を請求する被害者側（原告側）に、また、安全配慮義務違反に基づく債務不履行責任については、安全配慮義務違反の事実につき債権者たる被害者側（原告側）に、また、帰責事由のないことを債務者側が主張・証明すべきだとされている。ここでは、まず、注文者の不法行為ないし債務不履行責任と主張・立証責任を考える手がかりとして、民法716条の立法趣旨にさかのぼって検討してみたい。

(b) 民法716条（原案724条）の立法趣旨　現行民法716条の立法趣旨は、法典調査会議事速記録から知ることができる。[13] 716条の位置からも明らかのように、この条文は自己が直接行ったのでない不法行為について責任を負う場合のひとつとして、使用者責任の規定の次に配置されている。

注文者が使用者のように責任を負わない根拠を、起草者の穂積陳重は、注文者は仕事の内容につき「素人」であるから、715条の使用者のように請負人の「選任」「監督」について注意をしろといわれても「見分ケカ出来ヌ」ということをあげている。そして、穂積陳重は、人力車を頼んだら、車夫が人に怪我をさせたという例を出して、次のように説明している。すなわち、この場合の原則は、人力車に乗った旦那が金を払っているとしても、車夫が独立して仕事をしているので、人力車の引き方などの注意に付き、注文者は法律上責任を負わなくて良い。しかし、例外として、旦那が、人通りの多いところでも、構わず大急ぎでやれといったような場合に、過失があれば、旦那が責任を負うと言うのである。

このことは、現在継続中のトンネルじん肺訴訟にも大きな示唆を与えている

---

[13] 『日本近代立法資料叢書5・法典調査会民法議事速記録五』352頁以下（商事法務研究会、1984）。

のではないか。トンネル発注者としての国は，人力車にのった旦那と異なり，注文した仕事（トンネルの公共工事）とそこから発生するじん肺被害について「素人」ではない。むしろ，玄人中の玄人である。トンネル工事からじん肺の被害発生の高度の蓋然性が予見可能であるのに，労災防止対策を不十分なまま工事をさせていたとすれば，それは，まさに「人通りのおおいところでも，構わず大急ぎでやれ」といった人力車の旦那と同じで，注文・指図に過失があるというべきではないだろうか。

(3) トンネル工事発注者たる国の安全配慮義務違反・注意義務違反責任の主張・証明責任

またトンネル工事は，十分な対策を講じなければ，じん肺被害発生の高度の蓋然性が予見しうるものである。発注者たる国は，全国におけるトンネル工事の実質的に最大の発注者であり，トンネル工事についての専門的知識を持ち合わせ，また粉じん職場でのじん肺発生防止について自らも行政上の監督主体として，じん肺の被害防止措置につき専門的知識を有し，また，粉じん職場でじん肺罹患者が出ることのないように万全の措置を尽くすべきことを監督する主体である。

このようなトンネル発注工事の労務提供過程でじん肺症が発生した場合には，発注者たる国としては，自らが発注者として負うべきじん肺防止のための万全な措置を尽くしたことを主張・証明すべきと言えよう。

IV まとめ

本稿では，現在，訴訟でも大きな争点となっている2つの問題，強制連行・強制労働における安全配慮義務の成否，工事発注者の安全配慮義務の成否を検討してきた。前者は，これまで合意に基づく契約関係を前提としていた安全配慮義務概念を，合意のない労働関係において拡張可能かという問題，後者は，労務提供型契約ではあるが使用従属関係のないところにも，安全配慮義務概念を拡大可能かという問題であった。これに対する本稿の結論は次のとおりである。

前者については，労務の提供関係を成立させる合意がなくても，使用者側に労働関係を設定する意思があるならば，信義則上安全配慮義務を負うべきである。このような考え方を私見は〈労働関係設定意思説〉と名づけた。後者については，労務提供型契約で安全配慮義務を成立させる根拠は使用従属関係というよりも，むしろ，一方が労働環境を設定し，その中で他方に労務の提供を要求する点にある。その意味でこのような考え方を〈労働環境設定アプローチ〉と名づけた。

　両者は同じことを言っているのであって，つまり，労務提供関係での安全配慮義務は，一方当事者による労働環境設定意思によって成立するということができる。労務提供関係において信義則上負うべき安全配慮義務が，単なる不法行為上の注意義務にとどまらず，債務であることの根拠は，このように自らが労働環境設定の意思をもっていたからであり，その意味での自己決定，自己責任の帰結なのである。

（まつもと　かつみ）

　補）　本稿脱稿後，中国人強制連行・強制労働訴訟西松建設事件（原審につき前記123頁参照）の控訴審において，広島高裁は「被控訴人と被害者本人らの関係は，形式的に契約が締結されていないだけであって，実質的にみれば，雇用契約そのものともいえる関係であったというべきである。したがって，両者間の『社会的接触』は，事実上のものを超えて，安全配慮義務の発生が問題となる雇用契約関係に準ずる法律関係であったというべきである。」として，原審につづいて企業の安全配慮義務違反の債務不履行責任を認めると同時に，原審が認めた企業の消滅時効の援用は「著しく正義に反し，条理にも悖るものというべきである」として，これを「権利の濫用」として排斥し，各原告らに550万円の支払いを認める画期的判決を下した（広島高判平成16・7・9）。

<個別報告>

ドイツにおける従業員代表の労働条件規整権限の正当性とその限界

髙 橋 賢 司

(立正大学)

I はじめに——集団的規整権限と個人の自由

　50年代，ジーベルト教授は，既得の個人の権利（例えば譲渡の対象となる賃金債権）と，私生活上の領域にかかわる権利（例えば休暇に関わる権利）とを区別し，集団的な規整の権限に由来しない，既得の権利と個人的領域が存在すると述べた。その際，その権限が排斥される集団的規整には，労働組合と使用者団体との間で締結される労働協約のみならず，労働組合とは別個の従業員代表組織である事業所協議会と使用者との間で締結される事業所協定も対象となるとされた。[1][2]

　ワイマール期にジンツハイマー博士らによって労働者の従属性が強調され集

---

1) Betriebsrat には，従来，経営協議会，あるいは，事業所委員会という翻訳語が与えられてきた。Betriebsrat は経営に参画せず経営には関わらないという問題，他方，後者の訳については，沿革，実態との齟齬の問題，Rat の持つ意義からは「委員会」という言葉はでてこないという問題がある。このため，ここでは事業所協議会と訳する。この分野の研究には，荒木尚志『雇用システムと労働条件変更法理』（有斐閣・2001年），大内伸哉『労働条件変更法理の再構成』（有斐閣・2000年），小俣勝治「ドイツにおける協約外職員の賃金形成」労働法律旬報1391号54頁，毛塚勝利「組合規制と従業員規制の補完と相剋」蓼沼謙一編『企業レベルの労使関係と法』（勁草書房・1986年）213頁，角田邦重「企業内組合活動と西ドイツ労働法制」同書263頁，藤内和公「ドイツ従業員代表法制の現在と今後」日独労働法協会 4 号14頁，西谷敏『西ドイツ労働法思想史論』（日本評論社・1987年），野川忍「賃金共同決定の法的構造」日本労働協会雑誌307号23頁，309号32頁，前田達明「ワイマール経営協議会法の成立と展開（上・下）」法学論叢80巻 3 号54頁， 4 号59頁，横井芳弘「ドイツ経営参加制度の発展とその背景」法学新報60号 6 頁，和田肇「ドイツ労働法の変容」日本労働法学会誌93号53頁がある。
2) Siebert, BB, 1953, S. 241(243).

134

団的労働法の優位が唱えられたドイツでは，50年代にはすでに，個人主義化が進み，集団的労働法にとって重大な変化がみられるようになっている。戦後，事業所協議会の規整権限に関しては，協約規整権限との競合の回避が議論されるにとどまらず，集団の個人に対する優位が疑問視されている。ニキッシュの言葉によれば，「集団的全体的利益からの労働者個人の自立が試みられなければならないが，(…) 双方の異なって形成される原理，個人主義と集団主義がひとつの意味のあるシンテーゼに結合されなければならない」のである。事業所協議会という集団的権力による個人の自由の侵害がとり立たされ，先のジーベルト教授の主張もこうした文脈から表れている。現在でも，団結の自由，契約の自由保障の見地から，賃金額・総労働時間については，事業所協議会によって規定されるべきではないと判例，多数の学説は解している。

事業所協議会の規整権限の限界をいかに画するかは，今なお多くの労働法学者の論文，教授資格論文・博士論文で挑戦されるドイツ労働法学上の難問である。この問題について，実用法学的に単なる制定法の個々の解釈を行うよりも，むしろ，公法・私法の法原理に遡って法原理的に問う，というアプローチが主流である。そこで，本稿では，日本法での法整備が十分でなく今後十全な法整

---

3) つまり，現行事業所組織法87条1項では，「事業所委員会は，法的な規定または協約上の規定が存しない限りでは，次の事項について共同決定しなければならない」と規定され，77条3項では，「労働協約によって規定され，または規定されるのが通常である，賃金及びその他の労働条件は，事業所協定の対象になり得ない」と規定されている。

4) Nikisch, Arbeitsrecht, Bd. III, 2. Aufl., Tübingen, 1966.

5) BAG Beschluss v. 22.10.1985 AP Nr. 3 zu §87 BetrVG 1972 Leistungslohn; BAG Beschluss v. 11.2.1992 EzA Nr. 60, zu §76 BetrVG; BAG Beschluss v. 21.8.1990 NZA 1991, S.434, BAG Beschluss v. 13.3.1984 AP Nr. 4 zu §87 BetrVG 1972 Provision; Canaris, AuR 1978, S.129ff.; Kreutz, Die Grenzen der Betriebsautonomie, München, 1979, S.246f.; Hanau, BB 1973, S.353; Löwisch, DB 1973, S.1747; Picker, Die Tarifautonomie in der deutschen Arbeitsverfassung (以下 Tarifautonomie と略す), Köln, 2000, S.58ff.; ders, NZA 2002, S.769f.; Reichold, Die Betriebsverfassung als Sozialprivatrecht (以下 Sozialprivatrecht と示す), München, S.543; Richardi, Kollektivgewalt und Individualwille bei der Gestaltung des Arbeitsverhältnisses (以下 Kollektivgewalt と略す), München, 1968, S.319f.; ders, MünchArbR, Rn. 42; Zöllner, ZfA 1994, S.432f.; Aksu, Die Regelungsbefugnis der Betriebsparteien durch Betriebsvereinbarungen (以下 Regelungsbefugnis der Betriebsparteien と略す), Baden-baden, 2000, S. 177ff.; Joost, ZfA 1993, S.257(278).

個別報告

備が必要とされる過半数代表制度,企画型裁量労働制を対象とした労使委員会制度,あるいは,将来の労働契約法制,従業員代表法制を念頭に,ドイツでの議論の推移を検討し集団的規制権限と個人の自由のあり方を考えたい。特に,賃金・労働時間規整との関係で従業員代表と個人の自由との関係について考察したいと考えている。これによって,将来の労使関係のあり方,労働条件規整のあり方を展望しつつ,同時に,法原理的に問う法律学のメソッドへの再考を促したいと考えている。以下では,ドイツにおける従業員代表法制の特徴にも留意しながら,従業員代表の法原理,機能を解明し,それに応じた労働条件規整権限の限界を明らかにする。

II ドイツにおける事業所協議会に対する法規整とその権限の拡大の問題点

まず,ドイツにおける事業所協議会の労働条件規整権限の正当性の議論の前提として,現在の従業員代表制度をめぐる法規整と労使関係の変容を敷衍する。

1 事業所協議会の賃金規整権限の現在

賃金について,事業所組織法87条1項では,

「事業所協議会は,法的な規定または協約上の規定が存しない限りでは,次の事項について共同決定しなければならない。(…)

10 事業所の賃金形成の問題,特に,特に,賃金原則の作成,および新たな賃金方法の導入と適用ならびにその変更

11 金銭要素を含む,出来高ないしプレミアムの数式と比較可能な成果に関連した賃金」

と規定される。賃金の約90%近くは産業別労働協約によって定められ[6],その協約賃金の上乗せとしての出来高ないしプレミアム成績加給などのいわゆる協約外給付のうち,法は出来高,プレミアムの数式とこれと比較可能なものに限り共同決定事項とした。ホワイトカラーを対象として協約賃金の上乗せとして支

---

6) WSI-Mitteilung, 1997, S. 119.

払われる協約外給付には，被用者の個人の成績評価を通じて定められる賃金，成績加給がある。この成績加給の場合，給与グループが定められ，その際，通常，人事考課の評価基準が定められるが，この事項が事業所協定によって定められるべき共同決定事項である，と理解されている。但し，協約外の賃金額が共同決定事項か否かは争いがあり，判例はこれを否定している[7]。

　近時ドイツ企業も，従業員の持つ外部市場でのバーゲニングパワーに大きな比重を置いて雇用している。複数の統計では，事業所協議会は協約外の賃金額に対しわずかな役割しか果たしていない。これに対し，事業所協議会に代わって転職によって賃金額が上昇するとされる[8]。協約外の賃金が外部的労働市場の要素，企業規模によって定まり，共同決定によってではないのである。転職を糧に賃金を向上させる自立した労働者像が浮かび上がる一方で，事業所協議会が賃金向上のために適切な形態であるか否かという疑問を生じさせる。

　80年代から90年代にかけて，賃金に関しても，「規制緩和」「フレキシビリティー」の背景の下に事業所協定の権限の拡大が模索され，規制緩和委員会では，緊急の場合事業所協定において産業別の協約水準を下回ることを可能にする提案がなされている[9]。現在でも，失業率の高いドイツにおいては，産業の空洞化，賃金コストの高さが指摘され，再び，賃金・労働時間について企業別で決定，事業所協定でという声が高まっている。これらの使用者団体の提言にもかかわらず，多くの学説は，共同決定事項の拡大が協約自治の原則や私的自治の原則に矛盾することから，これら共同決定事項の拡大に反対している[10]。

---

7) BAG Beschluss v. 22.10.1985 AP Nr. 3 zu §87 BetrVG 1972 Leistungslohn; BAG Beschluss v. 11.2.1992 EzA Nr. 60, zu §76 BetrVG; BAG Beschluss v. 21.8.1990 NZA 1991, S. 434; BAG Beschluss v. 13.3.1984 AP Nr. 4 zu §87 BetrVG 1972 Provision. 例えば，成績加給について，出来高およびプレミアムと比較可能であるとは，被用者の能力を測定しうるものでなければならないと解されるところ，成績加給は，被用者の能力を「評価」するものであって，「測定」するものではないからである（BAG Beschluss v. 22.10.1985 AP Nr. 3 zu §87 BetrVG 1972 Leistungslohn)。他の賃金形態についても同様の判断が繰り返されている。詳細は，拙稿『成果主義賃金の研究』（信山社・2004年）12, 48頁参照のこと。

8) MittAB 1995, S. 73ff.; Sesselmeier, Arbeitsmarkttheorie, S. 99.

9) Deregulierungskommission, Marktöffnung und Wettbewerb, 1991, Achtes Kapitel, S. 149f.

個別報告

2 事業所協議会の労働時間規整権限の拡大とその問題点

労働時間については，産業別の労働協約が規整し，ドイツ最大の労働組合，金属労組では，労働協約によって，85年から，週38.5時間労働，95年からは，35時間労働が，使用者団体との間で合意され，また，この総労働時間については，事業所組織法上共同決定事項であるとは規定されていない。

これに対し，協約で獲得した総労働時間について週における労働時間として被用者ごとに配分していく役割を事業所協議会が担っている。事業所組織法87条1項3号では，個々の週日への労働時間の配分が共同決定事項であると規定されている。80年代には，失業対策として金属労組は平均週の労働時間が38.5時間となれば，事業所協定に基づき37時間から40時間の間でフレキシブルに週の変形労働時間の配分を定められる，と労働協約において包括的な枠組みを規定した。

一方で，当時，事業所協定で平均38.5時間となるように定めることができる，と労働協約において規定し，「個別の通常の労働時間は，フルタイム労働者を対象に37時間から40時間の間に達することとする」と規定した，という事件が生じた。その後，事業所協定を締結するため事業所委員会と使用者の間で交渉するが，妥結に至らず，この争いを仲裁する協約上の仲裁機関によって次のように決定された。

「1　個別の通常の労働時間は，職員を対象に週38.5時間に達することとする。
　2　グループAの職員に対しては40時間とする。
　3　グループBの職員に対しては37時間とする。」

と。事業所協議会はこれを不服として確認の訴えを労働裁判所に提起し，変形労働時間が共同決定事項であるか否か，あるいはこれが仲裁によって定められるか否かが争われ，労働裁判所，ニーダーザクセン・ラント裁判所はともに使用者の控訴を認容している。連邦労働裁判所もこれらの条項を適法と判断している。[11]

---

10) Zöllner, ZfA 1993, 169ff.; Joost, ZfA S. 257(278). Richardi, NZA 1984, S. 388f; ders, DB, 1990, S. 1613(1817f.).

しかし，これらの事業所協定締結の動きが団結の自由，契約の自由を侵害することから，多くの学説は批判し[12]，フォン・ヒューネ教授は，協約が本来有していた賃金・労働時間に関する権限を自ら放棄できず，事業所協定もこれを侵すことができないと述べている[13]。これらの賃金，労働時間をめぐる80年代から現在までの議論の推移をみると，失業対策，コスト削減のために事業所協定を役立てようとする経営者側と，これを阻止しようとする多数の労働法学説，という対立の構図がみてとれる。現在では，賃金との関係では規制緩和論も影を潜め，最終的にはこうした学説の反対は成功を収めてきたといえる。そもそも，事業所協定へ労働条件規整権限を付与するという傾向は，法制史的にも過去へ退化したものといえる。ジンツハイマー博士のようなワイマール期に集団主義に傾倒した学者すら，労働条件ないし賃金条件は労働協約によって定められるべきであるとし，そして，それが自由な職業団体としての労働組合の役割である，と論じていたからである[14]。

III　事業所協議会 (Betriebsrat) の「強制的団体」的性格

こうした労働法の法理が何を法的な基礎にし，従業員代表がいかなる性格を有するのであろうか，まず検討する。

まず，事業所協議会の性格として，協約自治とは異なり，被用者個人には事業所協議会への加入の自由・脱退の自由がないことが挙げられる。仮に，被用者が労働契約を締結した場合，ほぼ自動的に事業所協議会の構成員になり，事

---

11) DAG Beschluß v. 18.8.1997, NZA 1987 S.779.
12) Richardi, NZA 1984, S.388f.; ders, DB, 1990, S.1613(1817f.); Zöllner, ZfA 1988, S.265(276); ders, ZfA 1994, S.432f.; Aksu, Die Regelungsbefugnis der Betriebsparteien durch Betriebsvereinbarungen, Baden-baden, 2000, S.177ff.; Veit, Die funktionelle Zuständigkeit des Betriebsrats（以下 Zuständigkeit と略す），München, 1998, S.424, 426; Picker, Tarifautonomie, S.59, 60f.; Rieble, Arbeitsmarkt und Wettbewerb, Heidelberg, 1996, Rn.147; Waltermann, Rechtsetzung durch Betriebsvereinbarung zwischen Privatautonomie und Tarifautonomie（以下 Rechtsetzung と略す），Tübingen, 1996, S.182f., 184.
13) Gerrick v. Huene/Ulrich Meier-Krenz, ZfA 1988, S.293(315f.).
14) Picker, Tarifautonomie, S.41f.

業所協議会加入のための特別な契約を締結しない。この場合，被用者の事業所協議会への加入意思は問われず，加入しない自由＝消極的団結の自由がない。[15]

また，事業所協議会は個人の自己決定権に反する，と指摘される。民法学の支配的な見解によれば[16]，何らかの契約上の効力に個人が拘束されるには，その効力発生を望む意思が表示されることが必要とされる。しかし，労働契約締結の際に，被用者は，事業所協議会の構成員になる意思，あるいは，事業所協定による決定に自ら服する意思を表示していない。事業所協議会による規範（事業所協定）に拘束される旨の被用者の意思が表示されていないのである[17]。このため，事業所協議会の労働条件規整権限の実質的な正当化の根拠を被用者の意思に求め，私的自治的な正当化を行おうとする見解は，私法上の法律行為論によって否定されることになる[18]。

このため，――消極的団結の自由が基本法上保障され自由な加入・脱退が認められ（よって，組織強制も許されず）それによって協約の拘束力への個人の承認行為が認められる労働組合とは異なり――団結の自由，契約の自由を完全に遮断する従業員代表に基づく法秩序の特質は，強制的秩序（Zwangsordnung）あるいは他律的秩序（heteronome Ordnung）であって，自治（Autonomie）ではない[19]。さまざまな法分野をみるとき，大学（大学大綱法36条以下），学校，および，教会の領域での共同決定など，法律にもとづく多様な共同決定の形態をみることができる。経済と労働の領域でも，法律にもとづき共同決定の決定様式がとられている（事業所組織法，1976年共同決定法，モンタン共同決定法）。しかし，

---

15) Veit, Zuständigkeit, S. 178f.; Rieble, Arbeitsmarkt und Wettbewerb, Rn. 1889.; Waltermann, Rechtsetzung, S. 58ff, 61.
16) Flume, Rechtsgeschäft, § 2, 1, 5; Larenz/Wolf, Allgemeiner Teil, 8 Aufl., München, 1997, § 25 II, III; Brox, Allgemeiner Teil, 22 Aufl., Köln, Berlin, Bonn, u. München, 1998, S. 50.
17) Kreutz, Grenzen der Betriebsautonomie, S. 64; Veit, Zuständigkeit, S. 174.
18) Däubler, NZA 1988, S. 857 (859); Thiele, GK- Komm, 4. Aufl., Neuwied, 1987, Einleitung, Rn. 20; Lambrich, Tarif- und Betriebsautonomie, Berlin, 1999, S. 220f.
19) Aksu, Regelungsbefugnis der Betriebsparteien, S. 62; Kreutz, Grenzen der Betriebsautonomie, S. 64; Veit, Zuständigkeit, S. 184, 202; Picker, Tarifautonomie S. 56f.; Richardi, Kollektivgewalt, S. 309f., 316; Reichold, Sozialprivatrecht, 1995, S. 543; Rieble, Arbeitsmarkt und Wettbewerb, Rn. 1895.

重要なことは，これらのあらゆるレベルの共同決定が個人の経済的生活や私的生活領域に深く関わる事項について決定できるわけではないことである。また，労働法においては，基本法9条3項から，労働条件と経済条件の保護と促進のため，団体を結成する自由，その団体に加入する自由，及び，それにとどまる自由，この目的のために団体で活動する自由が個人に対し保障され，この団体の活動の自由にもとづき，協約当事者に対し，協約によって労働条件を形成する可能性を認める，という協約自治と呼ばれる自治が保障される[20]。事業所協議会の場合，被用者が自由に加入し，主体的努力によって組織し活動するという本質を欠いており，事業所協議会による共同決定は，労働法上自治とはいえない，ということも重要な点である[21]。このため，個人の団結の自由，契約の自由保障の観点から，事業所協議会のような集団的な権力を制限しなければならない，ということが議論されうるのである。

　しかも，法律にもとづく他人決定的秩序の事業所協議会は，民主主義的正当性を帯びると考えられる。これは，事業所協議会制度発展の歴史と関係がある。ワイマール期に議会が国民に代表・制限されるのと同様に，使用者の権限が事業所委員会に代表・制限されるという産業民主主義思想から，事業所協議会の前身，憲法上のレーテ（Raete）制度ができたといわれる[22]。これに対し，選挙制度によって事業所協議会が民主的に正当化されるという見解もあるが[23]，適切ではない。従業員代表選挙は，個々の代表者とその組織決定を正当化するにすぎない。むしろ，他律的な従業員代表制度自体が正当化されるのは，使用者の決定に関与する，という民主的な参加思想によってである，というのが，立法者が目指した民主主義なのであった。

---

20)　BVerfGE 1.3.1979 AP Nr.7 zu Art.9 GG.
21)　BVerfG 26.6.1991 AP Nr.117 zu Art.9 GG Arbeitskampf.
22)　戦後も，改正のときの責任者連邦労働大臣アーレント氏も，法律のみにもとづく事業所協議会がデモクラシーを促進する制度であると議会の読会で述べている。(BT- Proto., Bd. 77 VI, S.8664)。
23)　Biedenkopf, Grenzen der Tarifautonomie, Karlsruhe, 1964, S.298 ; Aksu, Regelungsbefugnis der Betriebsparteien, S.42f., 186.

個別報告

Ⅳ 事業所協議会の労働条件規制権限の限界

　事業所協議会が労働組合のように自治的な組織であったとすれば，あらゆる労働条件を扱いうると考える余地もあるが，既述のように，本質上他律的な秩序をなす事業所協議会の規整権限は全ての労働条件を扱えるとは断定できない。リヒャルディ教授は，賃金と労務の提供義務が（よって，労務提供の長さを示す労働時間も）法律行為上の約束から生じるものであって，法律や事業所協定のような集団的規範によって置き換えられるものでないと述べている[24]。多くの学説は，契約の自由と団結の自由を遮断する事業所協議会の賃金・労働時間に関する労働条件規整権限を認めていない[25]。

　その上，契約の自由や団結の自由を遮断するという観点のみならず，それをこえた観点から，事業所協議会の労働条件規整権限を検討する見解にあっても，その事業所協議会が個人の契約の自由と団結の自由という基本権を侵害する以上，その侵害が正当化されなければならない，という観点から考察している[26]。この場合，基本権の侵害が，原則として法律によってまたは法律にもとづいて侵害されてはならない，という法律の留保の原則が考慮されている[27]。つまり，法律にもとづく強制的団体である事業所協議会による，個人の団結の自由，契

---

24) Richardi, DB 1990, S. 1618. これに対し個人が自由に加入し組織，維持しようとする労働組合は私的自治的に正当化できることから，包括的な労働条件規整を正当化できるとする。
25) 前掲注5）参照。
26) Aksu, Regelungsbefugnis der Betriebsparteien, S. 112ff, 153ff, 172, 178f.; Müller-Franken, Die Befugnis zu Eingriffen in die Rechtsstellung des einzelnen durch Betriebsvereinbarung, Berlin, 1997, S. 192ff, 198ff, 344.
27) Aksu, Regelungsbefugnis der Betriebsparteien, S. 112ff, 153ff, 172, 178f.; Müller-Franken, Die Befugnis zu Eingriffen in die Rechtsstellung des einzelnen durch Betriebsvereinbarung, Berlin, 1997, S. 192ff, 198ff, 344.; ピエロート／シュリンク『現代ドイツ基本権』（法律文化社・2001年）Rn. 252.
28) 拙稿『成果主義賃金の研究』（信山社・2004年）126頁。
29) 必要であるとは，同じ効果をもつが負担の少ない手段によってその目的を達成できるようなものであってはならないこと，そして，相当であるとは，手段が目的を促進しなければならない，ということである（ピエロート／シュリンク『現代ドイツ基本権』（法律文化社・2001年）Rn. 282, 285)。

約の自由への侵害が必要かつ相当なものであるかが重要になると考えられる[28](比例性の原則)[29]。集団的な組織が個人の自由を侵害することは許されないのであるから，その個人の自由を侵害しつつどのような労働条件を事業所協議会が扱いうるかを，特に，賃金，労働時間を中心に検討することが重要となる。

1 賃　　金

自己決定権への侵害を正当化する理由としては，事業所協議会の保護機能，賃金向上機能がありえる。

しかし，既述の通り，外部的労働市場の発達した状況の下では事業所協議会による賃金規整に疑問がもたれている。事業所組織法によれば，出来高およびプレミアム，それと比較可能な賃金については，金銭要素を含めて共同決定権が認められているにもかかわらず，被用者は，賃金の統計によれば，労働移動，転職によって賃金を向上させており，事業所協議会の存在によってではないのである。事業所協議会の関与が賃金額の向上に役立っていないことがわかる。

連邦労働裁判所大法廷も，事業所協議会の同意のもとにこの手当を削減した場合で，その従業員全体の利益が，集団的・全体的に不利益になっていない場合には，その個別的な削減は違法ではないと判示している[30]。しかし，この大法廷の事件では，集団的全体的意思（削減した事業所協議会の意思）に対する個人的意思（手当が削減される勤続10年の従業員の意思）の従属の問題が生じているとの批判がある[31]。いったん，包括的な集団的権限が付与された従業員代表制度を創設させた場合，集団的規整権力に対する個人の意思の従属が帰結されるおそれが生じるのである。同時に，この事件は事業所協議会が手当の削減に貢献しうることを示しており，必ずしも手当＝賃金向上の保護の目的に役立っていないことを示している。

賃金向上機能と保護機能に疑問のある，事業所協議会の賃金規整権限による

---

30) 勤続10・25・40および50年の従業員対象の功労手当が画一的な契約によって定められていた場合に，使用者が経営危機を理由として事業所協議会の同意のもとで事業所協定を新たに締結し，勤続10年の従業員の功労手当のみを全額カットしたという事件であった。
31) Belling, DB 1987, S. 1888 (S. 1888); Blomeyer, DB 1987, S. 634; Hromadka, RdA 1992, S. 234 (248); Joost, RdA 1995, S. 7 (18ff.); Richardi, NZA 1987, S. 185 (187).

個別報告

個人の団結の自由,契約の自由の侵害は,必要かつ相当な侵害とはいえないと考えられる[32]。つまり,個人の自由を遮断・侵害しつつ事業所協議会が労働条件規整をする場合,その個人の自由の侵害を正当化できないのではないか,ということになる。このため,賃金額についての共同決定権は否定されるべきである,と考えられる。

2 労働時間

労働時間の問題は,時間給を基本とするドイツ企業ではコスト削減を伴うことから,賃金に直接影響を与える。また,それは,どのくらいの長さで生存と自己実現のために労務を提供するか,という職業の自由に関わる。現在,グローバルな国際競争下にあるドイツ企業が低額な賃金を求めて東欧へ移転し産業の空洞化が懸念されている。実際,マールブルクでも,企業が賃金額の低いチェコへ移転しない代わりに,——労働組合を度外視して——事業所協議会と協議し,コスト削減を伴う37時間から35時間への労働時間短縮を実現した事業所協定の締結を試みたのに対し,労働組合がこれに反対しコスト削減を伴う事業所協定の締結を阻止した,という事件があった[33]。この事件が示すように,事業所協議会が労働時間などの労働条件を改善できるものではない,という事業所協議会の脆弱性が観察される。個人は組織加入の意思を有していないにもかかわらず,その組織がコスト削減につながる労働時間短縮という帰趨を決する,という問題点が浮き彫りになる。

また,総労働時間の短縮について,戦後一貫して主な役割を果たしてきたのは産業別労働協約であった。金属労組も,失業対策のための産業別労働協約を通じて,85年から週労働時間を週38.5時間,88年から週37.5時間,89年から37時間,95年からはついに週35時間を達成している。つまり,80年代から現在にかけて,失業対策のためにストライキ権を行使して労働時間短縮に重要な機能を果たしてきたのも,産業別労働協約であり,事業所協定ではなかった。総労

---

32) つまり,事業所協定という手段が賃金向上という目的を促進していないのではないか,ということになり,特に,比例性原則における相当性の要件を満たしていない。
33) NZA 1996, S. 1331.

働時間の短縮という目的を達成するために，同じ効果をもつが団結の自由侵害の負担がより少ない手段，すなわち，労働協約によって，その目的を達成できるのではないか，といえる。しかもストライキ権を行使できる労働協約のほうが，事業所協定よりも，その目的をより効果的に達成しやすいといえる。したがって，事業所協議会の総労働時間に関する規整権限への侵害が必要かつ相当なものであるとは考え難い。リヒャルディ教授ら多くの学説も，総労働時間に対する事業所協議会の関与を認めていない。[34]

他方で，従業員間の利益を調整する事業所協議会の機能も問題になりうる。労働時間の配分，変形労働時間，企業の福祉施設，休暇の原則などに関する，事業所協定にもとづく従業員間での調整がそれである。ヴィーデマン教授は，分業の組織を克服し，労働関係を事業所共同体へ組み込み，その共同体関係を規律するという見地から，事業所の規範の限界を捉え直しているが，ここでは，その観点が有用な視座を提供している。[35]事業所協議会は秩序機能と利益調整機能を果たしうるのである。[36]変形労働時間の場合，平均の週の労働時間が8時間を上下するように定められ，それがいかに従業員間で勤務表などを作って配分されるのかというのは利益調整の問題である。実際の事業所協議会では勤務表などを規定して従業員間での個々の週の労働時間を配分し，事業所協定化している。事業所組織法87条1項3号において個々の週日への労働時間の配分が共同決定事項とされているが，ファイト，リヒャルディ，ライヒョールト教授は，事業所協議会の規整権限を自由権的に正当化できる，と説いている。[37]

そもそも，労働契約関係は，使用者と従業員との関係のみならず，従業員間においても，並列的に存立していることから，従業員個人の意思・利益を他の

---

34) Richardi, NZA 1984, S. 388f; ders, DB, 1990, S. 1613 (1817f.); Zöllner, ZfA 1988, S. 265 (276); Veit, S. 424, 426; Picker, Tarifautonomie, S. 59, 60f.; Rieble, Arbeitsmarkt und Wettbewerb, Rn. 147; Joost, ZfA 1998, S. 293; Heinze, NZA 1997, S. 1 (7f.); Reichold, Sozialprivatautonomie, S. 515.
35) Wiedemann, RdA, 1997, S. 297 (300).
36) Vgl. Wiedemann, RdA, 1997, S. 297 (300); Kreutz, Grenzen der Betriebsautonomie, S. 234; Veit, Zuständigkeit, S. 366.
37) Veit, Zuständigkeit, S. 365f.; Richardi, RdA 1994, S. 401; Reichold, Sozialprivatrecht, S. 533.

従業員の意思・利益とを調整する必要性が常に存在している。本来，個人の自由を出発点としても，その自由が他の者の個人の自由との関係で，制約せざるを得ないことは，憲法秩序における内在的な制約でもある。このため，個人の自由がこうした理由から制約を受けざるをえないのも（そしてその制約が必要かつ相当である），そうした理由によるものであるといえる。[38] さらに，原則的には，労働者の生活条件の多様性と生き方の多様性を考慮したフレキシブルな労働時間制度は，労働者の自己決定権の拡大に資するものと考えられていたことも，変形労働時間制への事業所協議会関与の正当化理由として付け加えられる。これらのフレキシビリティーの確保された労働時間制度は好意的に受け止められているといわれるが，事業所委員会による自己決定権の侵害が，変形労働時間に関しては，自己決定権の回復によって正当化できるということになる。

3 人的従属性

70年代，労働過程での健康保護やプライバシー保護の観点から，労働の人間化の実現が問われた。事業所協議会との関係でも，72年の法改正によって，コンピューターなどの技術的な装置の導入が，労働者の健康や失業と関わることから，それらの導入に当たっての事業所協議会の共同決定権が認められている。[39] 生命・健康に対する危険は，もともと使用者の施設と労務指揮のもとで，労働者が労働せざるを得ないことから，生産過程において労働者が従属するという，いわゆる人的従属性の問題から生じる。その使用者の下で労働者が労働せざるを得ず，生産過程において労働者の自由が奪われることから，その自由を回復するために事業所協議会の労働条件規整権限が正当化されよう。こうした観点から労働安全衛生などに関してその規整権限が正当化できるといえる。

V　まとめ——ドイツ法との比較

事業所協議会と使用者との間で形成される規整は，団結の自由，契約の自由

---

[38] Takahashi, Die Lohnbestimmung bei leistungs- und erfolgsabhängigen Entgelten im Spannungsfeld von Privatautonomie und Kollektivautonomie, Tübingen, 2003, S. 126.
[39] Wiese, RdA, 1971 S. 1; Zöllner, RdA, 1974 S. 212.

を侵害しながら存立するもので、その組織のあり方は自治的なものではなく、むしろ、民主主義的で＝他律的、強制なものであるというものであった。本稿で強調したのは、民主的かつ他律的な秩序には、その秩序に適切な機能があるのではないか、というものである。同時に、そうした団結の自由、契約の自由を侵害しながら事業所協議会が労働条件の規整を行う場合、その侵害が正当化される必要性がある、というものでもあった。契約の自由および団結の自由を害する団体が、その団体の構成員に対して拘束力を持つのは、事業所組織内部の安全、秩序に関わる事項（例えば、懲戒、安全衛生）のみならず、事業所組織内部の構成員（＝従業員）間の利益調整（週の労働時間の配分、変形労働時間）が必要とされる場合である、と考えられる。法律にもとづく強制的な団体、事業所協議会が個人の契約の自由と団結の自由という基本権を侵害する以上、その侵害が正当化されるのはこれらの場合に限られるのではないか、というものである。多数の学説も、賃金・総労働時間について従業員代表の労働条件規制権限を否定している。日本の従業員代表論においては、労働組合との規整権限に配慮されたものの、個人の団結の自由の侵害とその侵害の正当化について十分に考察されてきたとはいえない。

　これらのドイツ法の法理のあり方は、個人自らがその組織への加入を承認していないにもかかわらず、第三者たる組織が手当削減や労働時間の削減・延長に承認し、その効果が個人に及んでしまうことに対する疑念の表現であるといえる。フルーメ教授が適切に指摘するように、個人が権利義務の拘束を受けるのは、原則としてその個人が規範、契約を承認したからである。すなわち、「自己支配」が個人の自由の根幹なのである。何ら個人が承認していない規範がその個人に及ぶには特別に正当化された理由が必要である。もともと、ドイツ法では、ワイマール期に資本主義と社会主義の体制の妥協の産物として生まれた事業所の協議会制度を、戦後50年代以降個人主義が進行するなかで、個人

---

40) 毛塚勝利「わが国における従業員代表法制の課題」日本労働法学会誌79号129頁、西谷敏「過半数代表と労働者代表委員会」日本労働協会雑誌356号2頁、野川忍「変貌する労働者代表」『岩波講座現代の法12巻・職業生活と法』（岩波書店・1998年）146頁。
41) Flume, Allgemeiner Teil des Bürgerlichen Rechts, Bd. 2, Das Rechtsgeschäft, 3. Aufl., Berlin, Heidelberg, New York, 1979, §1, 6.

個別報告

主義的な自由主義秩序に位置づけられなければならなかった。そこから，事業所協議会などの集団的権力による個人の自由の侵害を制約しようとする，という基本思想が生まれたのである。集団的規整の拡大は，その保護の削減や個人の意思の抑圧につながってはならないからである。

　個人主義の進んでいく日本法においても，今後，過半数代表制，企画型裁量労働制，あるいは従業員代表法制が再考されるであろう。その過程で個人の自由への侵害の正当化が可能であるか，という実質的な考察が不可欠である。なぜなら，団結の自由は，ともに，個人の人格（Persönlichkeit）とその個（Individualität）の発現であり，法治国家の枠組みのなかでは，集団的な規整からの個人主義な自由の保護が不可欠の要請だからである。戦後ドイツ50年余りの法理の発展からは，賃金，労働時間について，その正当化が困難であることが明らかになった。こうした観点を今後の日本法の議論のなかで生かさなければならない。

　　　　　　　　　　　　　　　　　　　　　　　　（たかはし　けんじ）

<個別報告>

労働者へのセクシュアル・ハラスメントに関する紛争解決手続き
―─新たな位置づけの検討　カナダ法とイギリス法を中心として─―

柏　﨑　洋　美

(立教大学)

I　はじめに

　わが国の雇用情勢においては，女性の職場進出が進み，また，少子・高齢化が急激に進むなかで[1]，女性労働者の活用およびその雇用の維持は，緊急な課題となっている[2]。ところが，職場におけるセクシュアル・ハラスメントは年々増加しており[3]，それに伴う退職も増加している。セクシュアル・ハラスメントの特徴は，部下である女性労働者から，使用者である男性労働者には行なわれない，ということである[4]。

　これまで，被害者である労働者は，退職せざるを得ない状況に追い込まれ，主に裁判所における救済を求めてきた。ところが，被害者である労働者は，セクシュアル・ハラスメントの中止とともに雇用の維持をも望んでおり，そのためには問題を簡易・低廉・柔軟に解決する手続きが重要な視点となる。

　具体的な視点としては，裁判に至る前の行政委員会での紛争解決手続きにおいて，①前置主義を採り，②セクシュアル・ハラスメント問題を熟知した専門の委員が問題の解決にあたり，③罰則を背景に強力な権限を行使できる，とい

---
1)　読売新聞2002年1月31日（木曜日）朝刊1面。
2)　後藤純一「高齢少子化と21世紀の労働力需要──出生率引き上げ策は有益か？」日本労働研究雑誌487号（2001年）3頁以下。
3)　内閣府編『平成14年版　男女共同参画白書』（財務省印刷局, 2002年）71頁。
4)　女性労働者からの相談は，セクシュアル・ハラスメントに関するものが約4割と最も多かった（厚生労働省「2003年度男女雇用機会均等法の施行状況」労働法令通信57巻17号〔2004年6月28日号〕18頁）。

うことである。セクシュアル・ハラスメントに関する紛争については,「紛争調整委員会」をはじめとする行政委員会もその解決をはかっているが,簡易・低廉・柔軟な解決を促進するために,組織変更および権限強化をすべき余地があるように考えられる。

　セクシュアル・ハラスメントは,アメリカ合衆国という英米法の国で確立された概念であり,その理論は英米法の国々においてまず発展してきたという経緯がある。イギリスはカナダの旧宗主国であり,ケベック州を除いてはイギリス法の継受がなされている。セクシュアル・ハラスメントの紛争解決においては,カナダは行政委員会である「人権委員会」(Human Rights Commission)が中心となって行政的救済が図られ,イギリスでは行政委員会である「平等機会委員会」(Equal Opportunities Commission：EOC)の支援のもとに司法的救済を図っている。これらの委員会の特徴は,権限および問題解決の手続きにあると考えられる。

　本稿では,わが国における「労働者へのセクシュアル・ハラスメント問題」に関する紛争解決のための法的枠組みを検討し,その前提として,カナダにおける「人権委員会」およびイギリスにおける「平等機会委員会」の意義と機能を明らかにするものである。[5]

Ⅱ　カ ナ ダ 法

1　総　　論

　カナダ法を検討するにあたっては,カナダは連邦制の国家であるので,[6] 連邦法と12州ある州の中の１つであってセクシュアル・ハラスメントに関する先進的な立法を有するオンタリオ州法について以下に考察する。

---

5)　本稿は,2002年度に成城大学へ提出した博士論文のうち,紛争解決手続きに関する部分を要約し再構成したものである。
　　カナダ法に関する部分においては,既に公表されている部分もあるが(柏﨑洋美「労働者に対するセクシュアル・ハラスメントについての一考察——カナダ法を中心に(上)(下)」季労192号〔2000年〕126頁・同193号〔2000年〕132頁),これに2002年の法改正による修正を加え新たな理論を追加している。
6)　カナダにおける連邦と州の関係については,柏﨑・前掲5)192号論文137頁参照。

2 連邦人権法（カナダ連邦人権法の意義と機能）

カナダ連邦における人権保障の中心的役割は，カナダ連邦人権委員会（Canadian Human Rights Commission）によって担われている。この連邦人権委員会は，カナダ連邦人権法（Canadian Human Rights Act R.S., 1985, c. H-6）により設置されている行政機関である。同法は，かなり広範囲の差別的行為を禁止しているが，主なものは雇用関係におけるものである。カナダ連邦人権法の最大の特色は，カナダ連邦人権委員会および同委員会により設置されるカナダ人権審判所（Canadian Human Rights Tribunal）の役割にある。すなわち，カナダ連邦人権委員会は調整機能を駆使して差別の解消を図るが，他方では，カナダ人権審判所が司法判断を下し，この命令にはカナダ連邦裁判所の命令と等しい執行力が与えられている[7]。ところが，カナダ連邦人権委員会の権限が絶大なものであるため，司法判断が下される前段階の「調査」において紛争解決されることが極めて多い[8]。

2003年のカナダ連邦人権委員会の年次報告書によると，同委員会は苦情解決のモデルをより短時間かつ低廉に行なう方向へシフトしている。その結果，カナダ人権審判所にいたる前に解決された紛争の数は，2002年の729件から2003年には1,307件へと劇的に増加している[9]。

ところで，カナダ連邦人権法は，カナダ連邦人権委員会に関し，権限・手続き等の一般的な規定から，役員および職員に関する極めて詳細な規定を有している。まず，カナダ連邦におけるセクシュアル・ハラスメント問題の法的位置づけとカナダ連邦人権委員会の組織および権限を確認し，セクシュアル・ハラスメントが申し立てられた場合の手続きを概観して，カナダ連邦人権委員会の意義と機能を明らかにしたい。

カナダ連邦人権法の目的は，人種・出身国・民族・皮膚の色・宗教・年齢・性・性的指向・婚姻上の地位・家族における地位・労働不能・恩赦が認められた有罪判決（race, national or ethnic origin, colour, religion, age, sex, sexual orienta-

---

[7] 森山真弓『各国法制にみる職場の男女平等【新版】』（東京布井出版，1982年）232頁。
[8] 桑原昌宏『男女雇用平等と均等法——日本・カナダ・アメリカの比較』（総合労働研究所，1991年）264-265頁。
[9] Canadian Human Rights Commission, *Annual Report 2003*, 5-7 & 9.

tion, marital status, family status, disability and conviction for which a pardon has been granted) を違法な差別理由とすることである（3条1項）。そして，差別的行為には，禁止される差別理由に基づき雇用に関する事項について個人に嫌がらせをする行為（14条1項c号）などが規定されている。セクシュアル・ハラスメントについては，この一般規定を制限することなく，セクシュアル・ハラスメントを違法な差別理由に基づく嫌がらせとみなしている（同条2項）。そして，カナダ連邦人権委員会は，委員長・副委員長および3人以上6人以下の委員から構成され，これらの者は，総督（Governor in Council）によって任命される（26条1項）。委員長および副委員長は常勤であり，他の委員は常勤・非常勤いずれの任命も可能である（同条2項）。各委員の任期は，常勤委員は7年以内の期間で任命され，非常勤委員は3年以内の期間で任命される（同条3項）。カナダ連邦人権委員会の職務を処理するのに必要な役員および職員は，公務員雇用法（Public Service Employment Act）に基づいて任命される（32条1項）。

　セクシュアル・ハラスメントの法的問題が発生すると，紛争解決手続きが開始される。カナダでは，企業内での苦情処理手続き又は仲裁手続きをとるという苦情処理前置主義が規定されている（41条1項a号）。他方，被害者と推定される者は，カナダ連邦人権委員会に人権に関する立法等の照会・窓口相談をすることができ，この段階で，誤解に基づく事例や法制度の不知による苦情は解決される。

　次いで，被害者と推定される個人又は個人の集団は，カナダ連邦人権委員会に対して苦情を申し立てることができる（40条1項）。第三者からの申立ても，被害者と推定される者の同意があれば可能であり（同条2項），カナダ連邦人権委員会も相当な理由を有する場合には，職権で申し立てることができる（同条3項）。その後，カナダ連邦人権委員会は，苦情に関して調査するために，調査官（investigator）を任命できる（43条1項）。調査官は，令状を所持して，相

---

10) カナダ連邦の労働法上のセクシュアル・ハラスメントの定義については，柏﨑・前掲注5）192号論文139頁および149-150頁参照。
11) カナダ連邦人権委員会の委員に任命されるのは，主に法律家・別の州の人権委員会の委員・人権問題に詳しい大学教授・人権運動や先住民活動に従事してきた者などである。
12) 桑原昌宏「カナダ連邦人権法と人権委員会」部落解放研究49号（1986年）61頁。

当な時間帯に，いかなる建物にも立ち入り捜索することができる（同条2・1項）。指名されている調査官は，発せられた令状の執行にあたり，原則として有形力を行使することができない。ただし，調査官が平和管理官（peace officer）に同行されており，令状において有形力の行使が明確に許可されている場合にはこの限りでない（同条2・3項）。[13]

また，調査官は，建物内に所在する個人に対して，捜索に役立つ情報を含んでいる帳簿などの文書を捜索のために提出させることができる（同条2・4項）。何人も調査官の活動を妨害してはならず（同条3項），これに違反する者は犯罪を犯すものとされ（60条1項c号），有罪とされる場合には5万カナダドル以下の罰金を科せられる（同条2項）。[14] 調査官は，当該調査の終了後可及的すみやかに，当該調査に関する報告書をカナダ連邦人権委員会に提出しなければならない（44条1項）。

カナダ連邦人権委員会が当該報告書を受領し，苦情の審理に入ることが適当であると確信する場合には，カナダ人権審判所の議長に，苦情の審理の開始を要求することができる（同条3項aⅰ号）。この報告書を受領したカナダ連邦人権委員会は，関係者に対し書面をもってカナダ連邦人権委員会が行なった決定について通知し（同条4項a号），かつ，必要と思慮する他の者に対しても，適当と判断する態様によってカナダ連邦人権委員会が行なった決定について通知することができる（同条4項b号）。ただし，苦情の対象とされている行為が，カナダの安全保障に関係している場合には，カナダ連邦人権委員会は，当該事件を却下するか，当該事件を再審査委員会（Review Committee）に送付し，再審査委員会が報告書をカナダ連邦人権委員会に提出するまでは，当該苦情を審理することができない（45条）。

苦情が調査官による調査の過程においてもなお解決していない等の場合には，カナダ連邦人権委員会は紛争解決を調整（conciliation）するために調整官（conciliator）を任命する（47条1項）。当該苦情においてすでに調査官であった者は

---

13) ここにいう平和管理官は，一般的には正規の警察官である（1999年1月8日のカナダ連邦人権委員会・法律顧問〔genaral counsel〕からの回答である）。
14) 1カナダドルは，86円43銭であるので（2004年8月6日現在の中心レート），これを日本円に換算すると，4,321,500円になる。

調整官になる資格はなく（同条2項），調整官には守秘義務がある（同条3項）。

苦情が申し立てられた後であってカナダ人権審判所の審理の開始前のいかなる段階においても，両当事者が紛争解決（settlement）に合意することができるが，その際には紛争解決の条件に関してカナダ連邦人権委員会に同意するか否かについて付託する（48条1項）。そして，カナダ連邦人権委員会はいずれの場合も，その内容を認証し(refer)両当事者に通知しなければならない（同条2項）。

苦情が申し立てられた後のいかなる段階においても，カナダ連邦人権委員会は，苦情の審理に入ることが正当であると確信する場合には，カナダ人権審判所の議長に，当該苦情の審理を開始することを要求できる（49条1項）。このカナダ人権審判所は，総督が任命する議長および副議長（Chairperson and Vice-chairperson）を含む最大15人で構成される（48・1条）。審理は，3人の構成員からなる合議体で行なう場合と，単独の構成員が行なう場合がある。苦情が複雑な場合は合議体で審理し（49条2項），議長が審理を司どる長を任命する。審判所の議長が合議体の構成員である場合には，審理を司どる長をつとめなければならない（同条3項）。

カナダ人権審判所における手続きは，自然的正義の原則および手続規則を遵守して，簡易かつ迅速に行なわれなければならない（48・9条1項）。合議体や構成員は，争点の裁決に必要なあらゆる法律問題および事実問題を判断することができ（50条2項），また，手続規則の定める期限を延長又は短縮することができる（同条3項d号）。さらに，当該審理の間に発生するいかなる手続問題又は証拠問題も判断することができる（同条3項e号）。審理の開催にあたっては，合議体および構成員はカナダ連邦人権委員会・苦情の申立人・苦情の相手方に通知をし，その他の利害関係人については合議体および構成員の判断に基づいて通知をした後に審理を開催しなければならない。その際に，カナダ人権審判所の議長は，苦情に関する各当事者に現行の手続規則の写しを示さなければならない（49条4項）。

合議体および構成員は通知の対象となったあらゆる当事者に，審理に出廷して証拠を提示し主張する十分にして完全な機会を与えなければならない（50条）。また，合議体や構成員は，証人を呼出し出廷を強制させることができ，

口頭による又は書面による証拠を提出させることができる(同条3項a号)。前述した調整官は,カナダ人権審判所において証人となることができず,また,証人として強制されえない(同条5項)。他方,カナダ連邦人権委員会は,審問に出廷して証拠を提出し意見を陳述することができる(51条)。審理は,原則として公開されなければならないが,合議体および構成員が秘密性を適切と評価する場合には,必要と判断する措置および命令をなすことができる(52条1項)。

審理の終結にあたって,合議体および構成員が当該苦情に理由があると判断する場合には,差別的行為に関与した者に対し,命令することができる(53条2項)。命令の主なものは,差別的行為を中止し,将来における類似の行為を防止するための措置を採ることである(同条2項a号)。さらに,カナダ人権審判所においては,命令に付加して,合議体および構成員は,その者が故意又は認識ある過失により差別的行為に関与したと認める場合には,2万カナダドルの賠償を決定することができる(同条2項e号)[15]。何人も苦情の申立てにせよその他の手続きにせよ,手続きに参加し,参加しようと意図する者に対し,強迫し(threaten),脅迫し(intimidate),又は差別してはならない(59条)。これに違反して有罪とされる者は,5万カナダドル以下の罰金を科せられる(60条1項・2項)。最終的に,苦情がカナダ人権審判所によっても解決しない場合には,カナダ連邦最高裁判所(Supreme Court)が最終的な判断を行なう[16]。

このところ,カナダ連邦人権委員会は,紛争解決の視点を変化させている。それは,調査および審判を中心とした伝統的な方式から,調停などのADRおよび予防を中心とする方式への変化である。このことは,紛争解決において時間および費用をかける方式から,短時間で低廉な方式へとシフトすることでもある。カナダ連邦人権委員会は,1999年に試験的な調停プログラムを開始し,2003年には調停業務(mediation service)を展開している[17]。

---

[15] この他の命令内容については,柏﨑・前掲注5)192号論文145-146頁参照。
[16] カナダ人権審判所の決定について司法裁判所に控訴しうるか否かが争われた事件の解説として,柏﨑洋美「カナダ人権審判所の決定に対する司法審査の可否とその判断基準」労判802号(2001年)96-97頁。
[17] Canadian Human Rights Commission, *op. cit.* (note 9), 16.

個別報告

3 オンタリオ州人権法（オンタリオ州人権委員会の意義と機能）

オンタリオ州における人権保障の中心的役割は，オンタリオ州人権委員会 (Ontario Human Rights Commission) によって担われている。同委員会は，オンタリオ州人権法 (Human Rights Code, R.S.O. 1990, c. H. 19) により設置されている行政委員会であり，連邦人権委員会と同種の機能を有している。

オンタリオ州人権法は，雇用に関して，人種・祖先・門地・皮膚の色・民族・市民権・信条・性・性的指向・年齢・犯罪暦・婚姻上の地位・同性間のパートナーシップにおける地位・家族における地位・労働不能 (race, ancestry, place of origin, colour, ethnic origin, citizenship, creed, sex, sexual orientation, age, record of offences, marital status, same-sex partnership status, family status or disability) を理由とする差別を禁止し，いかなる者も平等に取り扱われる権利を有すると規定している（5条1項）。そして，すべての労働者は，職場において，使用者・使用者の代理人・他の被用者からの性を理由とする職場におけるハラスメントからの自由権 (right to freedom from harassment in the workplace because of sex) を有している（7条2項）。

オンタリオ州人権委員会は，副総督 (Lieutenant Governor in Council) により任命される7人以下の者で構成される（27条1項）。副総督は，オンタリオ州人権委員会の構成員の中から，長 (chair) を1人，副長 (vice-chair) を1人任命することができる（同条3項）。

セクシュアル・ハラスメントの法的問題が発生すると，紛争解決手続きが開始される。人が，オンタリオ州人権法に認められている自らの権利が侵害されていると信ずる場合には，委員会に苦情を申し立てることができる（32条1項）[18]。この他に第三者およびオンタリオ州人権委員会自体の職権による申立ても可能である（同条2項）。オンタリオ州人権委員会は，34条の規定にしたがい，苦情を調査し，当事者双方が紛争解決 (settlement) を受託するよう努力しなければならない（33条1項）。調査に関しては，調査官が任命されるが，何人も令状の

---

[18] 苦情の原因となった行為が申立ての6か月以上前に行なわれた場合には，オンタリオ州人権委員会は申立てを受理しないが，苦情の申立ての遅延が善意によるものであり，かつ，その遅延により影響を受ける者に何ら実質的不利益がおよばないと委員会が判断する場合には申立てを受理する（オンタリオ州人権法34条1項d号）。

執行において調査官を妨害してはならず,又は,その他の方法でオンタリオ州人権法に基づく調査を妨害してはならない(同条11項)。苦情が紛争解決される場合には,書面により両当事者が署名してオンタリオ州人権委員会が承認すると,この紛争解決は当事者を拘束することになる(43条)。他方,申立てが受理された場合には,オンタリオ州人権審判所(Human Rights Tribunal of Ontario)が設置され,副総督が任命する構成員により構成され(35条1項[19]),さらに,副総督により審判所の構成員の中から長(chair)を1人,1人又は2人以上の副長(vice-chair)を任命する(同条3項)。オンタリオ州人権審判所の長は,審問(hearing)を行なうことを要求される場合には,全員で構成する審判所に代わって,審判所の1人又は2人以上の構成員からなる審問廷を構成することができる(同条6項)。この場合に,オンタリオ州人権審判所は,権利侵害の有無や適当な命令を決定するために,審問を行なわなければならない(39条)。

オンタリオ州人権審判所は,審問の後に,一方当事者に金銭賠償をも含めて原状回復させることを命令することができ,当該権利侵害が故意又は認識ある過失により行なわれた場合には,1万カナダドル以下の罰金を含めることができる(41条1項b号)。事件がハラスメントの場合であって,苦情に関する行為が継続し又は反復している場合には,オンタリオ州人権審判所は合理的に利用しうる制裁又は方策(sanctions and steps are reasonably available)を採ることを命令することができる(同条2項)。オンタリオ州人権審判所における事件のいずれの当事者も,審判所の決定又は命令に関して裁判所規則にしたがって合議法廷に控訴を提起することができる(42条1項)。オンタリオ州人権法に基づく権利を侵害する者・調査官を妨害したり調査を妨げる者は,犯罪を犯すものとされ,2万5千カナダドル以下の罰金を科せられる(44条1項)。

以上のように,カナダでは人権委員会の調査妨害に罰則を設けているのが特徴的であり,人権審判所の決定を裁判所に控訴できるとして,裁判所の手続きにつなげているのが特徴的である。

---

[19] 2002年の政府効率法(Government Efficiency Act 2002)が国王の裁可を受けた場合には,同法の規定を介してオンタリオ州人権法35条1項を解釈することになる。

個別報告

Ⅲ　イギリス法

1　EC 法（76/207命令，「職場における男女の尊厳を保護するための，セクシュアル・ハラスメントとたたかう手段に関する判断準則」，2002/73命令〔76/207命令〕の改正）

イギリスにおいては，1973年に EC（European Communities, ヨーロッパ共同体）に加盟したことから，イギリス法は EC 法の影響を受けることになった[20]。イギリスにおける平等機会委員会も EC 法である76/207命令[21]，および，「職場における男女の尊厳を保護するための，セクシュアル・ハラスメントとたたかうための判断準則[22]」を，イギリス法におけるセクシュアル・ハラスメントに関する法として認めていた[23]。76/207命令は，EC 労働法の派生法の1つとして，男女平等取扱原則を具体化したものである[24]。この76/207命令の射程には，セクシュアル・ハラスメントも含まれる[25]。その後，76/207命令は，2002/73命令により改正されている[26][27]。

ところで，「職場における男女の尊厳を保護するための，セクシュアル・ハラスメントとたたかうための判断準則」の目的は，セクシュアル・ハラスメントが発生しないことを保障するものであり，仮にセクシュアル・ハラスメント

---

[20]　中村民雄『イギリス憲法と EC 法──国会主権原則の凋落』（東京大学出版会，1993年）7頁および同頁の注21)を参照。

[21]　Council Directive 76/207 EEC, 1976 O. J. (L39) 40.
　　"Directive" は「指令」と翻訳されることが多いが，本稿では「命令」と翻訳した。

[22]　European Commission, PROTECTING THE DIGNITY OF WOMEN AND MEN AT WORK A code of practice on measures to combat sexual harassment, 1992 O. J. (L49) 1.

[23]　Equal Opportunities Commission, Good Practice Guide for Employers Dealing with Sexual Harassment, 5-6 (2001).

[24]　PAUL CRAIG AND GRÁINNE DE BÚRCA, EC LAW TEXT, CASES, AND MATERIALS, CLARENDON PRESS, (1995) p. 837.

[25]　濱口桂一郎『EU 労働法の形成──欧州社会モデルに未来はあるか？』（日本労働研究機構，1999年）179頁。

[26]　Parliament and Council Directive 2002/73 EC, 2002 O. J. (L269) 15.

[27]　2002/73命令は，76/207命令と同様の目的を有しているが，セクシュアル・ハラスメントの定義，セクシュアル・ハラスメント等の差別禁止適用範囲の拡大，職場におけるセクシュアル・ハラスメント予防措置の奨励が規定されている。

が発生したとしても，適切な手続きにより直ちに問題を処理するとともに再発を防止するためのものである。これにはセクシュアル・ハラスメントの紛争解決手続きとして，「諸手続き」が規定されている。まず，被害者がハラスメント行為に関係している者に，当該行為を中止するように求める「問題の非公式な解決」を行なう。次に，使用者が被害者に助言と支援を与えるべき者を指名する「助言と支援」を行なう。そして，通常のチャンネルとは異なった「苦情手続き」を経て，両当事者の諸権利に注意しながら「調査」を行なう。最後に，「懲戒行為」をなす，という手続きになっている。[28]

2　1975年の性差別禁止法（平等機会委員会〔EOC〕の意義と機能）

イギリスのセクシュアル・ハラスメントの法的問題は，男女参画法制の一環として，今日では制定法による解決がはかられている。その中心的なものが1975年の性差別禁止法（Sex Discrimination Act 1975）である。同法は，社会の違法な性差別に対する実効的な救済を保障することを目的とする。セクシュアル・ハラスメントは，同法1条1項a号に規定される「直接性差別」に該当するものと解釈されている。[29]

また，性差別禁止法を有効に実施するための平等機会委員会（Equal Opportunities Commission）が設置され，これは，性差別禁止法53条および附則第3によって規定されている。委員会の構成員は，委員長および副委員長である委員・必要に応じて任命される追加的委員，それに職員には上級職員および勤務員が含まれる。委員は，8人以上15人以下からなり，これらの者は国務大臣によって常勤又は非常勤として任命される。そして，委員会は，各企業が性差別禁止法を具体的に遵守するための判断準則（code of practice）を作成する（56A条）。性差別の一類型であるセクシュアル・ハラスメントに関係するものとしては「雇用における性および婚姻を理由とする差別の廃止ならびに機会平等の促進に関する判断準則」がある。[30]

---

28)　1992 O. J. (L49) 1.
29)　浅倉むつ子『男女雇用平等法論――イギリスと日本』（ドメス出版，1991年）505頁。
30)　平等機会委員会が作成する判断準則は，雇用審判所での証拠として認められている（1975年の性差別禁止法56A条10項）。

個別報告

　セクシュアル・ハラスメントの法的問題が発生すると，委員会自体が差別の救済を行なう場合と，委員会でない個人が違法な差別行為の救済の申立てを行なう場合の 2 通りの方法がある。

　委員会自体が差別の救済を行なう場合においては，委員会が適切と考える場合と，国務大臣により要求される場合には，公式調査 (formal investigation) を行なわなければならない (57条 1 項)。ただし，公式調査は，日常的に生じる出来事に関しては行なわれない[31]。委員会は，公式調査に関して該当者に通告書を送達する (59条)。次いで，委員会が必要と思慮する場合には，業務によって影響を受ける者の男女間の機会平等を促進する見地から，勧告案 (recommendation) を作成する (60条 1 項)。そして，委員会は，公式調査における事実認定の報告書を作成する (同条 2 項)。委員会が違法な差別的行為など67条 1 項に規定する行為を犯したものと確信する場合には，公式調査の過程において差別是正通告書 (non-discrimination notice) を発することができる (67条)。

　差別是正通告書を送達された者は， 6 週間以内に雇用審判所や県裁判所に不服申立てを行なうことができる (68条)。その後，委員会は，差別是正通告書の受諾に関する調査を行なう (69条)。差別是正通告書が終局的なものとなった場合には，差別是正通告書の登録簿に登録する (70条)。38条ないし40条に規定される差別的行為・差別的広告・差別するよう圧力を加える行為の違反に関する法的手続きは，委員会のみが申立てをする (72条)。

　他方，委員会でない個人が違法な差別行為の救済を申し立てる場合には，雇用審判所に行なう。まず，委員会は被害者の情報収集に関する支援を行なう (74条)。この支援の目的は，被害者が最も効果的な態様において事件を構成し申立てを行なうことにある。この場合に，被害者が74条に規定される尋問調査票を利用することができる。この書式は，申し立てられたハラスメントの日から 3 か月以内に，又は，雇用審判所の事務局に受領された日から21日以内に，使用者に送達される[32]。当該事件が原則問題を提起するなど，申立人を支援しないことが不合理である場合には，委員会が申立人を支援することができる (75

---

31) D. J. WALKER, SEX DISCRIMINATION, SHAW & SONS LTD., (1975), p. 180.
32) Equal Opportunities Commission, Sex Equality and Sexual Harassment, 14 (2000).

条)。具体的な支援の方法は,助言を与えること,および,あっせんすること等である。その後の雇用審判所での審問においては,性的非行を陳述する場合に,一定の秘密性が認められている[33]。

3 ハラスメント防止法（裁判所による民事・刑事双方の救済を規定：民事上の救済手段,リストレイニング・オーダー）

ハラスメント防止法（Protection from Harassment Act 1997）は,16条からなる短いものであるが,その特色は民事・刑事双方の救済を規定している点にある[34]。同法は,1条および4条に禁止されるべきハラスメント行為を規定している。民事上の救済手段となる行為は,1条違反の行為であって現実の違反又は違反の惧れに関するものであり,これが,民事手続きの請求事項となる（3条1項）。この請求に関しては,ハラスメントによって引き起こされる不安,および,ハラスメントから結果する財産的損失に関して損害賠償金が支払われる（同条2項）。さらに,裁判所が被告の行為を差し止めるインジャンクションを許可する場合,および,被告がインジャンクションにより禁止されている行為を行なったと思慮する場合には,原告は被告の身体の拘束に関する令状を求めることができる（同条3項）[35]。

他方,刑事上の手続きであるリストレイニング・オーダー（restraining order）を発する場合とは,裁判所において,被告人が他の者に,ハラスメントとなる行為,又は,暴力のおそれを引き起こすであろう行為を禁止する場合である（5条1項・2項）[36]。

Ⅳ わが国への示唆

これまで,行政委員会それ自体が中心となって解決を図っているカナダ法と,

---

33) Equal Opportunities Commission, *op. cit.* (note 32), 12.
34) ハラスメント防止法の概要については,PAUL INFIELD & GRAHAM PLATFORD, THE LAW OF HARASSMENT AND STALKING, BUTTERWORTHS, (2000) の1頁以下を参照。
35) これに違反する場合については,齊藤憲司「『ストーカー法』の制定——1997年ハラスメント防止法」ジュリ1114号（1997年）105頁参照。
36) これに違反する場合については,齊藤・前掲注35)論文105頁参照。

個別報告

　行政委員会の支援のもとに審判所での解決を図っているイギリス法の，セクシュアル・ハラスメントに関する紛争解決手続きを考察し，これをわが国の法制度のなかでどのように参考にできるかを検討した。
　カナダ法およびイギリス法においては，事件ごとに委員やスタッフを任命するなど紛争当事者である個人の事情に配慮して，きめ細やかな紛争解決がなされていた。また，紛争解決に必要とされる限られたマンパワーをどのように投入するかという点も極めて参考になるものであった。ひるがえって，わが国においては，個別労働紛争の急増に鑑み，「個別労働関係紛争の解決の促進に関する法律」（以下，「促進法」という）の6条に規定される「紛争調整委員会」が存在する。この「紛争調整委員会」はセクシュアル・ハラスメント等の個別労働紛争を解決する行政委員会であり，同委員会を組織変更し並びに権限強化をするのが賢明であると考えられる。
　まず，単なる行政機関である「紛争調整委員会」を国家行政組織法3条2項および4項の規定する独立行政委員会とし，委員には非常勤だけでなく，常勤の委員も任命して問題解決の迅速化を図る。委員の任期は専門性を考慮して再任も認める。委員は学識経験者のみならず，弁護士資格を有する者も任命する。そして，セクシュアル・ハラスメント問題の性質を考慮して，委員が男女どちらか一方の性に偏らないように配慮する。さらに，「紛争調整委員会」の権限を「あっせん」から「調停」の権限に強化し，一方申請でも調停を開始しうるものとする。この場合には，複数の委員で調停を行なうこととし，セクシュアル・ハラスメントの中止命令も発することができるようにする。また，個々の労働者と事業主との紛争に加え，上司である労働者との紛争も取り扱えるようにする。このためには，促進法の改正が必要になる。
　紛争が「紛争調整委員会」による調停制度によってもなお解決しない場合には，裁判所においてその解決を行なうことになるが，その際には「紛争調整委員会」に存在する資料を関係者の請求に基づき閲覧させ，又は，その謄本および抄本を交付できるものとし，関係者はこれを裁判所に書証として提出できるようにする。

（かしわざき　ひろみ）

＜投稿論文＞

ドイツ職業訓練制度の転換
――キャリアディベロップメントからみた新たな模索――

野 川　　忍
(東京学芸大学)

川 田　知 子
(亜細亜大学)

I　はじめに

　本稿は，ドイツにおける職業訓練制度の意義と機能を概観し，現在における問題点を指摘することにより，ドイツのキャリア形成（キャリア・ディベロップメント）システムの法的現状と課題を抽出しようとするものである。

　ドイツは，先進諸国の中でも特に職業教育に力を入れている国として知られ，デュアルシステムと称される学校教育と実務訓練を融合した職業教育制度によって，特に若年労働者の良好なパフォーマンスを維持してきた点が注目されてきた。実際，労働市場における若年者の特徴は，他の比較しうべき諸国（特に大陸ヨーロッパのEU加盟国）に比べて失業率がかなり低い部類に入るという点にある（2003年12月末現在，25歳未満の若年者の失業率は9.6％で，EU15カ国中4番目の低さであり，EU全体の平均15.4％をかなり下回る〔連邦経済労働省次官ルドルノ・アンソインガー氏より入手した資料による〕）。またドイツでは，他の国々と異なり全体の失業率に比して若年者の失業率が低いだけでなく，その傾向がほぼ安定している（1999年から2003年までの5年間で，最高10.5％，最低9.1％。資料出所は同上），という点でも注目すべき状況であると言えよう。こうした傾向の背景には，学校教育における周到な職業教育制度を基盤として，労働者に対する職業訓練が制度的にも実体的にも有効に機能してきたという事実を無視することはできない。

投稿論文

　しかしながら，良好な様相を呈し続けていたドイツの若年労働市場も近年は大きな曲り角にあり，必ずしもこれまでのような良好な状況を維持できるとは限らないとの見通しが強い。それは，まさにドイツ若年労働市場の特徴を形成してきた職業教育・訓練システム自体が，従来のような有効な機能を果たしにくくなっており，そのため新しい対応が必要となっている現状に反映されている。より一般的には，ドイツの産業発展を支えてきた有効なキャリア形成制度の根幹に陰りが見えていると言える。それは，たとえば以下のような具体的な課題としてすでに対応を迫られているのである。

　第一に，ドイツの若年者は，デュアルシステムの恩恵を受けて職業教育と就労との連携がスムーズに実現しており，それがキャリア形成の出発点となっているという認識が一般に定着しているが，まずそもそもの前提として，職業訓練をほどこすための訓練ポストが減少しており，若者がキャリア・ディベロップメントに踏み出す契機の維持が問題となっている。

　第二に，企業内に職業訓練ポストが確保されたとしても，後述のようにデュアルシステムの機能が必ずしも従来のように評価されていない。すなわち，デュアルシステムによる職業教育・訓練が効を奏する最も重要な前提の一つは，学校教育としての職業教育と現場実習としての職業訓練とが有機的に結びついていることであるが，現在のデュアルシステムは，産業構造の変化とそれにともなう職業能力のニーズ及び職業教育システムのあり方に十分に合致しているとは言いがたい。したがってその改善が喫緊の課題となっているのである。

　第三に，今後のドイツ労働市場における若年者の良質な労働力としての維持は，有効な職業教育の実施と拡大に大きく依存しており，これまでの安定した需給構造がこれからも継続しうるか否かは即断できない。特に，東西ドイツの統一と東欧共産主義政権の崩壊以来，ドイツの若年労働市場にこれまで見られなかった多様性が生まれていることも無視できない。

　ドイツの若年労働市場におけるこれらの特徴は，後述する政策の変遷を強く規定しており，日本の状況とも大きく異なる。しかしながら，若年者の雇用が従来あまり想定されてこなかったような形で不安定の度を増し，新しい政策の対応が必要となっているという点，及び総合的なキャリア形成システムの構築

が差し迫った課題となっているという点では両国は共通していると言える。日本においても，厚生労働省が新政策の目玉としている日本版デュアルシステムやジョブカフェなど，若年者雇用を対象とした新たな政策が模索されている。ただそれらの政策は，失業対策や若年者の円滑な就労に対する処方という意味が強く，より将来を見越したキャリアディベロップメントの観点は必ずしも明確ではない。これに対してドイツは，職業教育の再編と拡大という視点からの改革が強く意識されており，日本の「次の」政策への貴重な示唆を与えうるものと思われる。

II ドイツにおける従来の状況

1 職業訓練法制
(1) ドイツにおける職業訓練制度の由来

ドイツは，中世の徒弟制度に遠源を有すると言われる独特の職業訓練システムを定着させていることで知られるが，これは，手工業の分野における技能の熟練を目的としたマイスター（親方）方式に端を発するものとされている。マイスター制度は，近代工業社会が成立して後も，工場制労働が中心となる製造業を基軸とした産業社会においては，労働者が一定のシステム化された教育訓練を経て資格を積み上げ，マイスターとなって一人前の熟練を認定されるという制度としてそれなりの合理的意味を有しており，前世紀後半まではドイツの工業製品の質を保証する有力な手段としても機能していた。この方式はその後も基本的には維持されており，職業を細分化してそれぞれに必要な訓練と能力・資格を明示し，対応する教育・訓練制度を行政・学校・企業など関係諸機関の連係により実施して行くという方法として，現在では連邦と州の各レベルで周到な制度が整備されているとともに，労使の関与も進んでいる。

しかしながら，産業構造の変化と情報革命などの影響で，ドイツの職業訓練制度は現在曲り角を迎えており，新たな対応の必要性も強い。そこで以下では，従来のドイツの職業訓練システムを支えてきた制度の枠組みと，それがもたらした課題を示すこととしたい。

(2) 連邦職業訓練法（Bundesberufsbildungsgesetz-1969 以下「BBiG」と略称）の意義と構造
(a) BBiG の成立過程

まず，現在のドイツで職業訓練の基本的な規制を行っているのは，1969年制定の連邦職業訓練法であり，職業訓練の意義，種類，労働条件や開始から修了までのプロセスの法規制を行い，さらに監督制度や個別職種における特別な訓練システムについても定めを置いている。

この法律が制定される以前には，ドイツの職業訓練制度はさまざまな法律とともに，商工会議所や労使団体，州の行政当局などがおりなして設置・運営される職業訓練機関が併存しており，きわめて複雑な様相を呈していた。

周知のようにドイツは職業の細分化と独立性が確立されており，職業訓練も一つ一つの職業ごとに異なる内容となるのが通常である。そこで，BBiG 制定以前には，商人に関しては商業法典（Handelsbesetzbuch）が職業訓練の制度を規定し，営業に関しては営業令（Gewerbeordnung）が，手工業に関しては手工業令（Handwerksordnung）がそれぞれの職業訓練に関して規制を行っていた。

それらの規制は，基本的な枠組みは BBiG の内容と類似しており，見習い生（Lehrlinge）と使用者との間の見習い契約関係を基軸として，カリキュラムにもとづいた職業訓練の実施と，試験及び資格制度をリンクさせ，各業種の事業主団体が公的支援・監督の下に管轄する，という共通の形態をとっていた。また，農業や公務部門など他の職業分野に関しては，直接にその職業訓練を規制する法律はなかったものの，上記各法律による職業訓練も制度の基本的仕組みは類似しており，他の職業分野においてもそれらを応用するかたちで事業主団体や労使団体が行政の支援を受けながら対応していたのが実情であった。

このような事態を収拾し，統一的な職業訓練法制を確立することを目的として制定されたのが BBiG であった。BBiG は，上述の商業，営業，手工業に関する共通の職業訓練システムを中核として，農業，公務，船員など他の職業分野について特別規定をおいて対応するという方式により，ほぼ全産業を網羅する職業訓練の法制化を実現した。その内容は，以下のように入念かつ周到であるが，後述するように訓練ポストの確保に関するシステムを含んでいないなど，

当初より一定の限界をともなう法律であったことは否めない。

　(b) BBiG の基本構造

　(i) 職業訓練の意義と種類

　BBiG によれば，職業訓練とは職業養成訓練準備（Berufsausbildungsvorbereitung），職業養成訓練（Berufsausbildung），継続訓練（Fortbildung），再訓練（Umschulung）を意味し，法の適用範囲はごく限られた一部の分野を除く総ての職業領域に及ぶ。

　第一の職業養成訓練は，連邦教育研究相が定めた職種及び訓練過程にもとづき，手工業会議所（Handwerkskammer）などの職業団体が細則を定め，これによって各企業が労働者と養成訓練契約を締結し，当該労働者が2～4年の訓練を受けることとなる。この場合，当該労働者は週のうち3～4日は事業所ないし関連訓練施設で訓練を受け，1～2日は（職業）学校で教育訓練を受けるため，デュアルシステム（二元制度）の名称が定着した。

　第二の継続訓練は，労働者のスキルアップのために施されるもので，多くの場合所轄職能団体がそれぞれ試験を行っている。継続訓練は，日本でもよく知られている「マイスター」に該当する資格を取得するための重要な訓練であるが，具体的内容は各商工会議所や手工業会議所のカリキュラムにまかされており，その制度設計と運用には労使がさまざまな形で関わる。

　また再訓練は，従来とは異なる職業につくことを目的として行われるもので，実施手続きは職業養成訓練と同様であり，所轄職能団体が監督する。転職を想定した訓練であるが，その運用は他の二つの訓練システムの場合と大きな相違はない。

　職業訓練をほどこす事業所と訓練生とは，職業訓練関係という固有の法律関係を形成するが，これは契約によって成り立つ。職業訓練契約は労務の提供に対する報酬を支払う労働契約とは異なり，訓練生に対する所定の職業訓練の実施と手当（Vergütung）の支給を契約内容とする。したがって BBiG は，固有の契約類型としての職業訓練契約に対して，その成立から終了までの規制を周到に行っているが，他方で，職業訓練と言えども労働現場における労務給付の側面を持たないわけではなく，職業訓練法によって直接規制されていない部分

投稿論文

については労働契約に対する規制や解釈が準用される（BBiG 3条2項[1]）。職業訓練契約は，訓練の目的や履修過程，開始と実施期間，日々の所定訓練時間，試用期間，手当の額と支払い方法など，重要な内容について書面化することが義務付けられているほか，訓練終了後の訓練生の就職活動を制約する規定を置くことは無効とされる（BBiG 4，5条）など，適正な契約内容の確保が意図されている。

職業訓練の中心的対象は言うまでもなく職業養成訓練であり，BBiGは，これについての規制を基本として，その次の段階である職業継続訓練や再訓練についてはそれぞれに固有のわずかな規定を置くのみである。

(ii) 職業訓練中の労働条件と修了認定

BBiGは，職業訓練関係という特別な法的関係にある事業所（具体的な訓練の実行者としては訓練教員）と訓練生に対し，いくつかの基本的な権利・義務を付与した上で，訓練生の保護と当該職業訓練の確実な成果の達成を目的として，採用から修了までの各ステージについてさまざまな規制を行っている。

まず，教員は訓練生が所定の訓練期間内に必要とされる能力や経験が十分につめるよう配慮すること，訓練に必要な機器や装備を訓練生に無料で提供すること，訓練を修了した際には証明書を交付することなどが義務付けられる。これに対して訓練生は，所定の訓練プログラムの修了に努力すること，訓練場所の規律に従うこと，訓練に用いる機器や装備を注意して取り扱うことなどの義務が規定されている。

また，訓練手当については，訓練生の年令と履修状況に応じて少なくとも毎年増額されることや，総額（税込み）手当の75％までは現物支給も可能であること，訓練主は，時間外訓練については対応する手当を支払うか対応する休息を与えねばならないことが命じられている（10，11条）。

BBiGは，職業訓練についても正規の訓練が開始される前に最短一カ月，最長三カ月の試用期間を付している（13条）。また，訓練は所定の訓練期間満了により終了するが，それ以前に修了試験に合格した場合にはその時点で終了する。試用期間中は職業訓練契約の解約は自由であるが，訓練期間開始後は重大

---

[1] G. Schaup; Arbeitsrechtshandbuch; 10. auflage, s1800.

な事由の存在が要件となる。

　さらにBBiGは，訓練生に適用されるより詳細な訓練生規則の制定を，連邦経済労働省か，もしくは連邦教育研究省の同意を得た他の機関が策定することを認め，その規則において，職業養成訓練の対象職種の明示，2年以上3年以内の養成訓練期間，養成訓練の対象となる能力と知見，修了試験等について定めを置くことを義務付けている。要するに，具体的な職業養成訓練は各州の教育機関や労働行政機関，商工会議所，個別企業等の事情によりかなり幅のある内容とならざるを得ないので，BBiGは個別訓練に最も直接に関わる規制については当該養成訓練の担当事業所に近い管轄機関にゆだねる方法をとっているのである。

　訓練生が所定の養成訓練の履修過程を順調に進んで行く場合には，必要とされる能力を修得したことを示す資格の認定のために，修了試験が課されることになる。修了試験は，養成訓練規則を作成する管轄機関（通常は商工会議所）が試験委員会を設定し（最低3人の委員が必要），そのうち三分の二は労使同数の代表，一名は訓練教員でなければならない。委員は任期5年の名誉職であり，試験規則を策定した上で，修了試験の他，最低一回の中間試験を実施しなければならない（34, 43条）。修了試験に合格した者には認定書が交付される。

　(iii)　このほか，職業訓練生も一つの事業所に所属する者であるから，事業所組織法は職業訓練及び訓練生に関しても事業所委員会の一定の関与を定めている。

　すなわち，事業所組織法96条以下は，使用者と事業所委員会に対して，当該職業訓練の管轄機関と協力して職業訓練を促進することを義務付けているとともに，事業所委員会に，使用者に対して職業訓練に関して提案する権限を付与し，また，職業訓練のためのさまざまな措置や設備についても使用者と協議する権利を与えている。特に，職業訓練にかかるコストに関しては，その計上と使用に関して事業所委員会が共同決定権を有しているのが注目される。要するに，事業所委員会が存在する事業所においては，職業訓練もまた，労使の協同により対応するものとされているのである。

　(iv)　以上が，BBiGにおける職業養成訓練の制度概要である。前述したよう

投稿論文

に，BBiG は企業で行われる実務実習としての養成訓練のみを規制対象としており，いわゆるデュアルシステムのうち学校教育における職業教育については全くタッチしていない。

2 デュアルシステム

ドイツのデュアルシステムは，歴史的に形成されてきた徒弟制度に学校における職業教育を結び付けて機能的に連携させることを目的として，ワイマール時代にほぼ制度的に確立し，第二次大戦後も維持されて若年労働市場の安定とドイツ製品の質の高さを下支えしてきた。

具体的には，まず学校教育の体系の中で州の文部大臣を頂点とした教育行政が職業教育の全体を管轄し，各州文部大臣の定例会議により大綱を採択し，州の教育行政機関が指導要領を定め，これにもとづいて職業学校での具体的な教育プログラムが決定される。一方現場の職業訓練については，連邦経済労働省をはじめとする連邦レベルの関係官庁が，連邦職業教育研究所（Bundesinstitut für Berufsbildung。以下 BiBB という）における職業訓練システムの構築を管理し，これに労使団体が提言や委員会の参加などさまざまな形態で関与する。そして各地域では所轄の商工会議所や手工業会議所等が，行政の委託と労使の協力を前提として職業訓練の基本的枠組みを策定し，試験委員会を構成する。事業所に配属された訓練生は，上記 BBiG の保護と規制を受けつつ，事業所組織法による事業所委員会や若年代表委員会（Jugendvertretung）によるサポートのもとに訓練を積み重ねて行くことになる。

このように，デュアルシステムを職業訓練と学校教育との連携という観点から見ると，各職業学校における座学を基本としたカリキュラムが，実践的な現場での職業訓練とどのように機能的に相乗効果を確保しうるかがポイントとなる。ところが，学校教育と職業訓練との連携がデュアルシステムの中心的な要素であるにも関わらず，両者を統一的に規制する法制度は存在しない。すなわち学校教育のプログラムについては州の文部大臣の管轄下にあり，その内容も州法による学校教育システム全体の中の一環として定められており，企業や商工会議所等との協力が制度的に構築されているわけではない。ただ，州ごとに

相違が大きくなることは望ましくないので，定期的に各州文部大臣会議があり，ここで教育内容の大綱が定められており，職業教育の一般性と普遍性は確保されていると言える。しかし企業での職業訓練に比べると，学校教育全体との整合性が優先されるため，柔軟性や即時性に欠けることは否めない。

とは言え，実際に学校における職業教育と企業の現場における職業訓練とを機能的に組み合わせたデュアルシステムの有効性は否定しがたい。とりわけ，行政，労使団体，商工会議所，職業学校，個別企業，各事業所がそれぞれ独自の役割を果たして，かつ互いに協力し合うデュアルシステムの方式は，これまではきわめて有効な成果を生み出してきた。特に，企業は職業訓練ポスト契約を多彩に締結して，多くの学生を受け入れ，学校と緊密に連携しつつ実践的な職業訓練をほどこしてきたし，職業訓練終了後には，少なからぬ学生が当該企業をはじめとする各企業に就労の場を得て，通常は試用期間を経て一人前の労働者としての地位を確保していくことになるのが一般的な段取りであった。

ところが，このようなドイツのデュアルシステムは，いくつかの理由により必ずしも従来のような有効な機能を果たし得なくなっている。これにはいくつかの現代的な要因が絡み合っており，後述したい。

3 職業訓練ポストの確保

(1) 職業訓練ポスト不足の現実

前述したように，ドイツでは，デュアルシステムがキャリア形成の出発点となっているため，その前提として十分な職業訓練のポストが必要である。しかし，職業訓練を施すために企業が提供する職業訓練ポストの不足が，現在ドイツにおいて深刻な問題となっている。連邦教育研究省によれば，1990年に企業の28.7％が職業訓練を行っていたが，2001年には23.8％に低下している。最近でも，2002年の職業訓練報告書によれば，BBiGや手工業令に基づく事業所の職業訓練ポスト数は，2000年の56万4379件から2002年には51万5347件と，3年間で約8.7％も減少している。このように，ここ数年，職業訓練ポストの数は急速に減少傾向を強めていることが分かる。また，2000年から2002年に締結された職業訓練契約数に対する事業所の職業訓練ポストの割合は90.8％から

90.1％に低下し，それに対して国家が財政的に援助した訓練ポストは9.2％から9.9％に増大した。このような職業訓練契約数の減少は，ほとんど事業所の職業訓練契約の減少に起因しており，約210万の事業所のうちいまや職業訓練を行っている企業は23％にすぎない。このような職業訓練ポストの不足は，若者の長期失業や専門労働力の不足をもたらす，将来的にはドイツにおける経済発展や企業の競争力を脅かすことにもなりかねない。[2]

(2) これまでの様々な試み

(a) 1976年職業訓練ポスト促進法（Ausbildungsplatzförderungsgesetz 以下「APFG」と略称）と違憲判決

職業訓練ポストの拡大は，古くは1976年9月7日の職業訓練ポスト促進法に端を発している。前述したBBiGは，様々な職業部門ごとに別々に制度化されていた職業訓練に対して一般的・統一的な法規制を行うことを実現したが，その前段階である職業訓練ポストの適正な確保という問題には触れていなかった。そこで，財政的支援によって質量ともに十分な職業訓練ポストの提供を保障することを目的として制定されたのが，APFGである。同法は，連邦と州によって行われている中・短期的な職業訓練措置，特に，若年者の失業を克服するための特別プログラムや職業学校の拡大並びに事業所外職業訓練ポストの創設と並んで，適切な職業訓練ポストを十分に提供することを保障したり，連邦と州の職業訓練の内容を調整するための法制度を創設したものである。同法は，職業訓練納付金（Berufsausbildungsabgabe）や職業教育訓練の計画や報告に関する規定，さらに，連邦レベルで職業教育訓練に関する訓練規則や統計・調査研究の中核機関として大きな影響力をもつBiBBの役割と機構について規定している。このうち特に，職業訓練納付金について，連邦政府は使用者から徴収した納付金を財源として，過去に提供された職業訓練ポストが一定以上に達し，かつ職業訓練ポストの需要と供給の関係が基本的に改善されていると認めた場合に財政的な援助を行うこととした。

しかし，バイエルン州政府は，職業訓練ポスト促進法は基本法105条3項の意味における税金に関する連邦法であり，連邦参議院の同意を必要としており，

2) BGBl. I 2658; Deutscher Bundestag, Drucksache 15/2820, 2004.

また同法の規定の中には行政手続に関する連邦法規定が含まれていることから，同法は全体として基本法84条1項によって連邦参議院の同意を必要としているにもかかわらず，連邦参議院の同意を得ていないとして，憲法に反し無効であると主張した。この主張に対して，1980年12月10日連邦憲法裁判所の判決は，同法は租税に関する州の権限を制限した105条3項には抵触しないものの，州が連邦法を執行する場合の権限を制限した84条1項には抵触するとして，結論として違憲の判断を下した。[3]

　その後1981年12月23日に成立した「職業教育訓練促進法」(Berufsbildungs-förderungsgesetz-BerBiFG) は，違憲とされる契機となった APFG の職業訓練納付金に関する規定を削除し，計画および報告や BiBB に関する規定を新たに規定したものであった。後述するように，「職業訓練ポスト納付金」を規定した法律が制定されるまで，職業訓練ポストの拡大という課題は法的には解決されない状態が続いたのである。

(b)　シュレーダー政権の諸政策

　デュアルシステムという評価の高いシステムを有するドイツでは，これまで若年者雇用そのものを改善しようという試みはあまり必要ではなかった。しかし，職業訓練ポストの不足に加え，前述したようにデュアルシステムが十分機能していない現在のドイツでは，デュアルシステムに入れない，あるいは修了しても就職できない若者の存在が問題になってきた。

　このような状況を改善するために，第一次シュレーダー政権は，1999年に「青少年・若年失業者のための緊急プログラム」(JUMP = Sofortprogramm zum Abbau der Jungendarbeitslosigkeit) を開始した。これは，2003年までの時限プログラムであり，連邦政府の定めた施行規則に基づき，各州の下にある労働局が実施している。JUMP の主な対象者は，25歳未満で，基幹学校の修了証を持たないものや，職業訓練を修了していない者が多い。プログラムの内容としては，具体的に，企業の職業訓練ポストの提供を開拓・拡充するための地域プロ

3）　BVerfG, Urt. v. 10.12.1980-2BvF3/77; NJW81. 329; Schmidt/Bleibtreu, Zur Entscheidung des Bundesverfassungsgerichts zum Ausbildungsplatzförderungsgesetz, DB81, 743.

投稿論文

ジェクト支援があり，ハンブルグ労働局では，地域に新たに職業訓練協会を創設し，集団的に訓練ポストの確保を図ることとしている。また，企業の職業訓練ポストを確保できなかったものに対する企業外訓練や，労働に必要な社会性等の獲得を目指した職業準備教育などの政策を実施している[4]。

JUMP に続く政策として，2003年6月から2004年末まで，JUMP-Plus (Sonderprogramm zum Einstieg arbeitsloser Jungendlicher in Beschäftigung und Qualifizierung) という政策が展開されている。これは，15～25歳の若者を対象に，毎年10万人に対して，労働市場に参加する機会の改善や，雇用の場や資格付与の機会の提供を促進することを目的とするものである。

このように，若年者の失業問題に対し，ドイツ政府は JUMP や JUMP-Plus 等の積極的労働市場政策を展開している。これらはいずれも，若年者の職業訓練と労働市場への参入をより確実にかつ迅速に行うためのものであるが，これまでのデュアルシステムと比べて，格段に大きな成果を挙げたとは言い難い。

III 課題と克服の模索

1 デュアルシステムの課題と展望

ドイツにおいてデュアルシステムが有効に機能してきた背景には，歴史的に形成されてきたドイツ特有の職業訓練の手法が，製造業中心の高度成長期の産業界のニーズに十分に適合していたことや，伝統的な職業教育重視のドイツの教育制度ともマッチしていたという事情がある。現場の工場労働において必要とされる熟練は，手工業におけるマイスター制度を活用して対応するのに適していたし，ドイツ製品の競争力の高さの一因も，学校教育と連動した機能的なデュアルシステムの成果にあると考えられていたのである。

しかしながら，このようなデュアルシステムの強みは，時代の変化にともなうさまざまな要因によって影響されざるを得ない。

---

4) 『諸外国の若者就業支援政策の展開——ドイツとアメリカを中心に——』（労働政策研究・研修機構 労働政策研究会報告書 No. 1）参照。

第一に，産業構造の変化にともなう技術の進展と変容により，従来のデュアルシステムの方法では対応が不十分になる傾向が強まっている。たとえば，熟練を旨とする工場の技能職ではデュアルシステムの強みが十全に発揮されるが，情報関連業務の拡大により各企業で不可欠となりつつある情報技術を習得するには，日進月歩の技術革新への対応が必要となる。したがって，これについてデュアルシステムにより修得された技能や技術は，訓練期間を終えて実際に労働者として働く段階ではすでに陳腐化しているおそれも大きい。すなわち，入念な職業訓練とその後の就労の連携は，技術革新が急速に進む分野における迅速な対応が期待できず，しかもそのような分野が情報技術の領域をはじめとして飛躍的に拡大しつつあるのである。デュアルシステムが機能するのはやはり生産現場あるいは販売・営業といった現業領域であり，新しい時代の業務に即した職業教育のシステムが必要とされているといえよう。

　第二に，ドイツにおいても経済状況は不安定であり，企業の財務は厳しさを増しているのみならず，企業変動も日常化している。そのような中で，企業が負担する職業訓練コストは相対的に大きなものとして意識されざるを得ない。すると，これまでのようなコンスタントな職業訓練ポスト契約の締結が停滞することになる。実際，企業の負担感の増大が，さまざまな政策による職業訓練ポストの維持・拡大を促していることは間違いなく，今後どのように企業負担を軽減しつつ同ポストの維持拡大をはかっていくかは重要な課題となっている。この点は訓練ポスト確保のための政策的対応と連動しており，後述したい。

　第三に，デュアルシステムの根幹でもある学校教育と職業訓練との機能的連携から外れていく若者の増大をはじめ，デュアルシステムの体系の包括性が崩れてきている点が指摘されよう。たとえばドイツの教育システムにおいては，基礎的な学校教育を終えてから職業教育を受けさせるのが基本であるが，現在，基礎的な学校教育をきちんと終了しないでドロップアウトする学生が増えてきている。学校教育を終えていなければ職業教育の場も与えられず，そのまま労働市場に入ろうとする若者が増えていることは，デュアルシステムがカバーできない領域の拡大を示しており，深刻な問題であると言えよう。

　総じて，学校での座学と企業での実務教育を結びつけるというデュアルシス

テムの理念は，現在なおドイツの職業訓練制度の根幹をなしているものの，従来のような機能をすでに果たしえていないといわざるを得ない。上記の問題点はいずれも容易には克服し得ない複雑なものと言えるが，さしあたり今後対応すべき具体的課題として認識されつつあるのは以下のような点である。

第一に，学校における理論的な知見の習得と実務との機能的連携である。すなわち，要求される職業教育がどんどん先に進んでいるにも関わらず，学校教育がそれに追いついていない現状を，制度的かつ実態的に改善するための施策の必要性である。そのためには，学校教育と職業訓練を制度的に別の体系として位置づけている現在の枠組みそのものの変更を射程に入れることが必要となろう。また，ここ数年検討が進んでいるのは，職業教育の修了試験の内容や方法であり，新技術の取得に相応しい試験内容を工夫するようになってきている。それは今のところ模索段階にあるが，今後の進展が注目される。

第二に，職業教育により会得された能力が数年後には陳腐化してしまうことから，事業主は高いお金をかけて職業訓練をしてもコストを回収できないという点の解消策が必要とされている。これについては，超企業的な職業訓練システムの充実が不可欠であり，労使の協力による対応が望まれるところであるが，他方で，制度面から見た一つのポイントは，これまで職業訓練の現場では初発の職業養成訓練に重点が置かれてきた現状の改善である。すなわち，技術革新と情報革命とが仕事のあり方をも強く規定する現代にあっては，絶えず能力とキャリアの向上が促される必要があり，これに対応するための能力向上訓練や職業転換訓練の重要度が増すことが考えられる。そこで今後は，職業現場におけるキャリア形成の新しい柱の一つとして，職業養成訓練―能力向上訓練―職業転換訓練という流れをより効果的に再編する作業が不可欠となろう。具体的には，後二者の訓練内容の充実と拡大を一つの基軸として，職業訓練制度を労働者の職業生涯全体にかかるキャリアの形成・完成のための制度として統一的に再構築する必要があるということになる。

このような問題点と課題をはらみつつも，デュアルシステムを基軸としたドイツのキャリア形成制度がまったく意義を失ったわけではない。なんであれ職業教育を受けた労働者はまったく受けていない労働者よりは労働市場でポスト

を見出しやすいという意味では，デュアルシステムの最低限の効果は失われていないし，最近では事業所を超えた職業能力の基準を労働協約によって設定しようという考え方も主張されており，これがどのように実現していくかも注目される。他方で，個々の事業所がそれぞれ特有の職業教育を施してそれに合致した者を採用しようとする傾向も根強い。ドイツのキャリア形成システムは，まさに今転換点の渦中にあると言えよう。

2 職業訓練ポスト創設の動き

(1) 職業教育訓練保障法案（Berufsausbildungssicherungsgesetz——以下「BerASichG」と略称）

職業訓練ポストの不足に対して，ドイツ連邦議会は今年5月7日，連立与党の賛成多数で職業教育訓練保障法案を可決した。この法案は，①将来の専門労働力不足に対して後継者を養成することを保障するために事業所における職業訓練を強化すること，②企業間の職業訓練コストの公平な配分並びに異なった職業訓練給付とそれによって生じるコストによる競争のゆがみを回避すること，③国家が補助金を与えることによって，需要に適した十分な職業訓練ポストの保障を可能にすること，④企業から資金を調達する方法によって，職業訓練ポストプログラムに対する国家のコスト負担を軽減することを目的としている。同法案において注目すべきは，「職業訓練ポスト納付金（Ausbildungsplatzsicherungsabgabe）」である。従業員10人以上の企業は，従業員数の7％に相当する訓練生を受け入れなければならず，これを下回った場合は納付金を支払わなければならない。納付金は基金としてプールされ，訓練生が7％を上回った事業所に対しては，その人数に応じて，一人当たり7500ユーロを上限とする奨励金が支給される。なお，産業別協約などで同様の取り決めがなされている場合は，法律による納付金の義務は免除される。

この職業訓練ポスト納付金に対しては様々な批判がある。①職業教育訓練ポスト納付金によって企業は多大な負担を課されることになること，②多くの企業が提供する職業訓練ポストは実際の景気状況に左右されがちであるため，昨今の経済状況において職業訓練ポストを提供することは難しく，新たな強制的

な納付金制度よりはむしろ，負担を軽減することが必要であること，③企業は若者が職業生活を開始することを助ける責務を負っているが，特に大企業は職業訓練ポスト納付金を支払うことによってその責務を免れることになること，④企業が教育訓練を行いたいと思っていたとしても，応募者の資格（能力）が十分でなく適当な訓練生が見つからない場合にも，この法案により納付金を支払わなければならないこと，⑤この納付金制度によって教育訓練が国営化されることとなり，これまで成功を収めてきた国際的にも定評のあるデュアルシステムの存在意義が失われる危険があること，などが指摘されている。

(2) 職業訓練協定による職業訓練ポストの創設

前述の職業教育訓練保障法案に対しては，経済界の反発が強く，労使等関係者による「職業訓練協定」締結の必要性が議論されている。同法案は，産業別協約などで同様の取り決めがなされている場合は，法律による納付金の義務が免除されるとしているからである。

労働協約によって職業訓練ポストの拡大を図る試みの1つとして，すでに昨年6月2日，IGメタルがニーダーザクセン州の金属産業の事業主団体との間で労働協約を締結し，多くの職業訓練ポストを創設することに合意している。その内容によると，2003～2004年の間に1100以上の職業訓練ポスト，特にIT産業における職業訓練ポストを準備するとしている。ニーダーザクセンには，過去にも職業訓練ポストを創設するための協約規定が存在したが，今回の協約の新しさは，使用者に対して100万ユーロの基金を課すことが義務付けられている点にある。そして，追加的に職業訓練ポストを創設する企業に対しては，この基金からその都度10000ユーロが助成されることによって，職業訓練ポストの拡大が促進される仕組みとなっている。

また，今年5月中旬に妥結した化学産業協約における職業訓練ポスト創設の取り決めが注目されている。化学労使は来年までに2％，2003年から07年までの間に合計7％，ポストを増やすことを合意している。

IV 日本版デュアルシステムと今後の課題

昨年6月,厚生労働大臣をはじめとした関係4大臣により,「若者自立・挑戦プラン」が取りまとめられ,若年者の育成に係る様々な問題について,各省が相互連携の下,若者の働く意欲を喚起しつつ,全てのやる気のある若年者の自立を促進するべく,具体的な施策展開を行っていくこととなった。このプランの一環として現在最も注目を集めているのが,「日本版デュアルシステム」である。

「日本版デュアルシステム」とは,厚生労働省と文部科学省が連携の上,今年度より全国で導入する,若年者(35歳未満で就職活動を続けているが安定的な就業につながらず,日本版デュアルシステムを通じて,就職に向けて職業訓練を受ける意欲がある者。学卒未就職者,無業者,フリーター等)を対象とした新しい職業教育訓練制度である。具体的には,企業における実習訓練とこれに密接に関連した教育訓練機関における座学を並行的に実施し,修了時には能力評価を行うことにより,若年者を一人前の職業人に育てることを目的とする新たな人材育成システムである。座学による教育を担当するのは,都道府県立の職業訓練校や,民間の専門学校,認定訓練施設など,既に職業能力開発についての経験やノウハウが十分に備わっている機関であり,これらの機関が訓練生を受け入れる企業と協力して訓練計画を策定し,1～3年間にわたって座学と実習を並行して実施することになる。

日本版デュアルシステムの実際の方法としては,教育訓練機関主導型と企業主導型という2種類の方法がある。教育訓練機関主導型は,教育訓練機関が若年者を訓練生として受け入れ,その機関が受け入れ企業を開拓し,企業と共同で訓練計画を策定する。この場合,座学を自己の施設で実施し,実習については企業に委託することになる。また,企業主導型は,企業が若年者を有期パートなど従業員として採用し,教育訓練機関を開拓し,教育訓練機関と共同で訓練計画を策定した上で,OJTを自社において実施するとともに,座学については教育訓練機関が実施する仕組みになっている。この場合には,訓練に係る

投稿論文

費用(受講料)や賃金を負担した事業主に対し,助成金などの支援策(キャリア形成促進助成金の拡充)が準備されている[5]。いずれの場合も,訓練生が当該訓練を通じて何がどこまでできるようになったのかについて,訓練修了後に,教育訓練機関及び企業それぞれが能力評価を行い,実践力を保証する点に特徴がある。この修了時の能力評価により,企業の側は能力が保証された人材を採用することが可能になり,また若年者も就職にあたって企業から適正な評価を得ることができるとされている。

このような日本版デュアルシステムの導入については,若年者の職業的自立を促進し,キャリア形成に大きな効果を挙げることが期待されている。しかしながら,この日本版デュアルシステムは,ドイツで古くから行われている実習重視型の職業訓練,いわば「元祖デュアルシステム」をヒントに導入されたものであり,前述のようなドイツの職業訓練・キャリアディベロップメント法制の展開と課題等を概観すると,日本でも以下のような問題点が指摘しえよう。

第一に,企業の費用負担とその公平性が問題になる。前述したように,今回の日本版デュアルシステムは,教育訓練部分を外部の教育訓練機関で実施することによって訓練の負担を軽減するとともに,若年者を受け入れる企業に対しキャリア形成促進助成金の拡充を予定している。しかし,たとえそのような助成金制度が用意されたとしても,現在職場にいる従業員の雇用を維持することすら危ういわが国の企業に,そのような余裕があるかどうか疑問である。また,デュアルシステムを導入する企業としない企業との間で費用負担の点で不公平感が生じることも当然考えられよう。ドイツのデュアルシステムは,100年以上にわたる政労使の様々な合意形成のための議論の結果,社会全体で若者の職業訓練を支えていくというシステムが構築されたものである。これを受けて,職業教育法においては企業の「社会的な役割」「訓練における責任」がきちん

---

5) 今回の日本版デュアルシステムでは,初めてデュアルシステム訓練生を雇用者として受け入れる場合に,デュアルシステムの実施に必要な計画を策定する費用として15万円,また,雇用者として受け入れた訓練生の教育訓練機関における訓練にかかる費用(受講料)や賃金を負担した事業主に対し,中小企業には2分の1(デュアルシステム以外の訓練では通常3分の1),大企業には3分の1(デュアルシステム以外の訓練では4分の1)の助成金を支給することとしている。

と謳われている。したがって，日本においても政労使の理解と協力が，日本版デュアルシステムの成功の鍵を握っているといえるだろう。

　第二に，職業訓練の内容や質と企業が求める人材とのマッチングの問題である。ドイツのデュアルシステムの成功は，資格制度と職業が非常に密接に結びついている点にある。ドイツでは公的な資格制度が発達し，労働市場全体が横断的なため，デュアルシステムによって熟練労働者の資格を取得しないと職業に就きにくいという社会構造がある。このような社会構造にない日本では，ドイツのような職と職業訓練とのクリアーな関係を構築できるかが重要なポイントになる。

　最後に，ドッグイヤーと言われる現在，前述のIT産業の場合のように，技術革新の速度が大きくて，一旦施された職業訓練によりつちかわれた能力が職場で発揮されるときにはすでに陳腐化しているということもありうる。これを克服するには，絶えず継続的ないし発展的な職業訓練を積み重ねていくことがどうしても必要である。このような包括的な職業訓練制度の構築・運営は一企業にとってはいかにも負担が大きい。これをどのように法制度的にサポートして行くかが重要な課題となろう。この点でも，ドイツが職業養成訓練に比重を置き過ぎた従来の枠組みを転換しようとしている事実は貴重な示唆を与えうるであろう。

　　［追記］　本稿は，2004年2月に行ったドイツにおける現地調査にもとづいており，
　　　　本文の叙述もその折に入手した諸資料と聞き取りの結果に負うところが大きい。

　　　　　　　　　　　　　　　　　　　　　　　　　（のがわ　しのぶ）
　　　　　　　　　　　　　　　　　　　　　　　　　（かわだ　ともこ）

日本学術会議報告

浅倉　むつ子
（日本学術会議会員，早稲田大学）

1　日本学術会議法の改正

日本学術会議法の一部を改正する法律が，2004年4月14日に公布された。すでに前回の学会誌で報告した概要と内容的にはほとんど変わらないが，あらためてポイントごとに整理しながら，改正後の課題についてもふれておきたい。

① 所轄の変更

日本学術会議の所轄は，総務省から内閣府に変更された。これは学術会議が政府の全省庁に対して学術の立場から政策提言を行うという役割からも，また内閣府に属する総合科学技術会議と対等に位置づけられるという点からも，当然の改正であったといえよう。

② 会員選考方法の改正

会員の選考は，1983年以来の「学術研究団体を基礎とした推薦制」から，日本学術会議自体が選出する方法（co-optation方式）へ改正された。新たな選考の仕組みでは，任期6年（再任なし，70歳定年制）の210名の会員が3年毎にその半数を自ら選考することになる。初回の会員（2005年10月から）の半数は，任期3年の会員となる。初回の会員は，内閣総理大臣から任命される30名のメンバーからなる「日本学術会議会員候補者選考委員会」によって選考される。2004年7月16日現在，選考委員会のメンバーはまだ明らかではない。

③ 7部制から3部制へ

これまでの7つの部（1部＝文学・史学等，2部＝法学・政治学，3部＝経済学，4部＝理学，5部＝工学，6部＝農学，7部＝医学）の編成を改め，3部編成とし，1部＝人文科学系（社会科学を含むものであり，法学はここに入る），2部＝生命科学系，3部＝理学・工学系とする。これまでのようにあらかじめ部ごとに定数が割りふられるのではなく，会員となった者が選択していずれかの部に所属することが想定されているため，今後は，学術研究領域のバランスをいかに考慮するのかが重要事項となる。

④ 登録学術研究団体制度の廃止

会員選考方法の改正によって，従前の選考制度の基礎となってきた登録学術研究団体の制度は廃止された（この部分は改正法公布と同時に施行された）。ただし第19期の

活動期間中は学協会を基礎にした研究連絡委員会の活動は継続する。また学術会議としては，今後も各学協会との連携が強化される必要があると考えており，第142回会員総会は，学協会との連携のあり方について検討を進めることを決議として採択した。

⑤　研究連絡委員会の廃止，連携会員制度の新設

研究連絡委員会は，会員の推薦制度に関わるものであったために廃止され，今後，研究課題を設定して行われてきた研連の活動は，臨時委員会の形式によって引き継がれると想定される。しかし，数的にはこれまでの研連委員と同じ程度の人数の連携会員制度が新設され，日本学術会議により連携会員が選考されて会長から任命されることになる。連携会員は会員の一種であり，この大きな人数の連携会員のプールを基礎にして，会員が執行機関的に活動を行うということになるだろう。

改正法が通過した今日の段階で，もっとも重要な課題は，登録学術研究団体制度が廃止されたために，学術会議が今後，学協会との関係をいかなる形においてつくり上げるのかということである。現在，学術会議の中の議論としては，二つのイメージが示されている。一つは，「法学・政治学」というようなユニットで現在のような連合組織を常置的に形成していくというイメージであり，二つ目は，学術会議がたてるプロジェクトにそって，協力を求められる学協会がパートナーシップをその都度形成するという project-oriented な関係のイメージである。いずれのイメージを追及すべきか，なお結論は出ていない。

衆参両議院では，改正法可決にあたって，5項目にわたる附帯決議が採択された。①独立性の維持につとめること，②社会との交流の拡大に努めること，③公正性・中立性の維持に努めること，④女性会員等多様な人材の確保に努めること，⑤今後の日本学術会議の設置形態の在り方について法改正後の活動状況の適切な評価に基づき，できるかぎり速やかに検討を開始すること，である。

2　今期（第19期）の課題

4月19日～21日には，学術会議の春の定例総会（第142回総会）が開催され，法改正をふまえて新しい学術会議のあり方をめぐる審議・検討が行われた。また，第10期の活動として，2つの柱に基づくアクションプランが提起された。第一は，次期の「科学技術基本計画」に対して学術会議からの提言を行うことであり，第二は，国民に対する科学者コミュニティとしてのアピール活動である。

第一の柱である「科学技術基本計画」は，科学技術基本法に基づいて策定されるものであり，第1期計画（1996～2000年度），第2期計画（2001～2005年度）がこれまでに策定され，現在，第2期計画のレビューが行われると同時に，第3期計画の策

定の準備がなされている。学術会議としては,「レビュー委員会」を設置して第2期計画についてレビューを進めると同時に,第3期計画へ向けて提案するための準備を進めている。

　第二の柱としてのアクションプランは,科学技術に対する社会の意識・理解向上のための運動として,講演会,シンポジウム,出張授業など,多様な形での活動を想定している。第19期の学術会議は,この二つのアクションプランを中心に進めていくことを課題としている。

3　第2部会の活動報告

第2部会としては,以下のような活動を行ってきた。
① 　平成16年度国際会議代表者派遣

　各学協会からの推薦に基づき審査した結果,平成16年度の国際会議代表者派遣の実施計画を決定した。今年度は労働法学会からの代表者派遣は行われない。
② 　科学研究費補助金審査委員に関する研究者情報の提供について

　平成17年度の科学研究費補助金審査委員の選考にあたって,日本学術振興会は,学術会議のみから審査委員候補者の推薦を受けていた従来のやり方を改め,広く他からも情報を収集し,それらの中からプログラム・オフィサーが主体的に審査委員を選出するということにした。日本学術会議は今回から,情報提供を行う一機関として協力することになった。このような状況の変化をふまえて,2004年3月末日までに,学術会議としては,前年度までは行っていた審査委員の重複のチェックや,日程の確認,所属機関の重複についての調整などは行うことなく,各学協会からの協力を得て,審査委員の選考のための「情報提供」を行った。
③ 　第2部のシンポジウム

　毎年,第2部は,夏季に,学術会議のプレゼンスを高める手段として,地方において部会を開催してきた。2004年度は,7月8日に北海道東海大学を開催会場として,公開シンポジウム「グローバル化時代の地方大学の挑戦」を行った。また,第2部主催の公開シンポジウムとして,6月15日には,「アジアに知的架け橋を!」とするシンポジウムを学術会議において実施した。今後さらに第2部主催のシンポジウムとしては,2004年12月6日午後に,学術会議において,「国境を越える生殖医療」を開催する予定である。

4　各種委員会および研究連絡委員会活動報告

　浅倉が参加している委員会としては,「学術と社会常置委員会」および「安全・安心な世界と社会の構築特別委員会」があり,いずれも2005年春をめどに報告書を

提出すべく会合を重ねている。いずれ報告書が出た段階で，これらについては詳しくご報告するつもりである。「法学政治学教育制度研究連絡委員会」は，法科大学院時代における法学政治学教育の展望をテーマにアンケートを実施して，12月頃にシンポジウムを行くべく企画している。「社会法学研究連絡委員会」は，法学政治学教育制度研連と連携しつつ，法科大学院における社会法教育について，現状分析を行っているところである。「21世紀社会とジェンダー研究連絡委員会」は，2004年3月16日に「少子化と女性をめぐるシンポジウム」を学術会議において実施した。今後，9月27日午後には，やはり学術会議にて，「法学政治学とジェンダー：ジェンダー法学・政治学の可能性」というシンポジウムを主催する予定である。公開シンポジウムであり，参加自由である。

　最近，日本学術会議のホームページは充実してきた。労働法学会の会員の方々も，ぜひ一度，学術会議のホームページをのぞいてごらんになってはいかがだろうか(http://www.scj.go.jp/)。上記のシンポジウムのお知らせもすべて掲載されている。また，学術会議の機関誌として，毎月，「学術の動向」という雑誌が発行されている。すべての分野にわたる最新の科学技術の理論状況の情報を，これほど手軽に入手できる雑誌は他にはないと思われる。ぜひ，各大学・各学部に1冊，そろえておかれることをお奨めしたい。

(2004年7月16日記)

◆ 日本労働法学会第107回大会記事 ◆

　日本労働法学会第107回大会は、2004年5月9日（日）金沢大学において、個別報告およびミニ・シンポジウムの2部構成で開催された（敬称略）。

1　個別報告
第1会場
テーマ：「安全配慮義務概念の拡張可能性
　　　　──合意なき労働関係及び工事発注者の安全配慮義務論」
報告者：松本克美（立命館大学）
司会　：吉田美喜夫（立命館大学）

テーマ：「ドイツ・現代における従業員代表の正当性の限界と可能性
　　　　──従業員代表論の新たな展開」
報告者：高橋賢司（立正大学）
司会　：毛塚勝利（中央大学）

第2会場
テーマ：「労働者のセクシュアル・ハラスメントに関する紛争解決手続き
　　　　──新たな位置づけの検討　カナダ法とイギリス法を中心として──」
報告者：柏﨑洋美（立教大学）
司会　：小西國友（立教大学）

テーマ：「ニュージーランドの労使関係法制改革から何が学べるのか？」
報告者：藤川久昭（青山学院大学）
司会　：小嶌典明（大阪大学）

2　ミニ・シンポジウム
第1会場
テーマ：「企業年金の法的論点」
報告者：森戸英幸（成蹊大学法科大学院）、河合塁（中央大学大学院）
司会　：山川隆一（慶應義塾大学）

第 2 会場
テーマ：「企業間ネットワークと労働法」
報告者：本久洋一（小樽商科大学）、中内哲（北九州市立大学）、紺屋博昭（弘前大学）
司会　：奥田香子（京都府立大学）

第 3 会場
テーマ：「労働関係紛争処理の新潮流――労働審判制度の創設・労働委員会制度改革」
報告者：村中孝史（京都大学）、豊川義明（弁護士）、道幸哲也（北海道大学）
司会　：土田道夫（同志社大学）

3　総会
１．2003年度会計報告
　青野事務局長より2003年度会計報告がなされ、承認された。

２．2004年度予算
　青野事務局長より2004年度会計予算案について報告がなされ、承認された。

３．第108回大会について
　土田企画委員長より108回大会、109回大会、110回大会に関する次の報告がなされた。内容は以下のとおり。

〈108回大会〉
2004年10月24日（日）
会場：日本大学
テーマ…情報と労働法
　担当理事：石橋理事、島田理事
　総論：島田陽一
　1　「情報社会における労働に関する労働者の権利」：石橋洋
　2　「労働者に対する使用者の情報提供義務」：竹地潔
　3　「職場における労働者のプライバシー保護」：砂押以久子
　企画委員会、理事会において内部告発についても検討を加えることが要望された。

〈109回大会〉
　　日時、会場未定
(1)個別報告
・柳澤武（名城大学）「雇用における年齢差別の法理」司会：野田進
・大石玄（北海道大学大学院）「スペインにおける従業員代表制」司会：道幸哲也
(2)特別講演
　　現在何名かに報告を打診中
(3)ミニ・シンポジウム
　「労働関係の変容と「雇用契約」－イギリス労働法学の示唆するところ」（担当理事：石橋洋）
　「ホワイトカラーの労働時間法制」（担当理事：盛誠吾）
　「ジェンダーと労働法」（担当理事：浅倉むつ子）
〈110回大会〉
　　会場、日時は未決定
　　テーマについては、労働契約法制等が候補として挙げられた。
　　あわせて、前日理事会において、以下の4名が新企画委員として承認されたことが報告された。
石井保雄（獨協大学）、小畑史子（京都大学）、砂山克彦（岩手大学）、中窪裕也（九州大学）、水町勇一郎（東京大学）
4．学会誌について
　　盛編集委員長から学会誌103号の編集・発送状況が報告された。
　　また、青野事務局長から103号の発送状況の詳細について報告がなされた。
5．日本学術会議報告
　　浅倉代表理事（日本学術会議会員）より、日本学術会議の改革動向について以下のような報告がなされた。
　　日本学術会議法改正法が2004年3月に衆参両院を通過し、4月14日に公布された。改正のポイントは以下の通りである。
(1)改正のポイント
①所轄が総務省から内閣府に変更された。
②会員選考方法が学術研究団体の推薦制から日本学術会議自体が選考する方法（co-optation方式）へ変更された。
③これまでの7部制から3部制になった。
④登録学術研究団体の制度、研究連絡委員会制度は廃止となり、連携会員制度が新設されることになった。

以上の改正法の下では、学協会との連携の仕組を創り上げる必要があるため、現在、学術会議内部での検討が進んでいる。
⑵学術会議の活動の全体は、①科学技術基本計画に対する提案、②国民に対する科学者コミュニティーとしてのアピール運動を柱として行われている。
⑶労働法学会としては、科研費補助金審査委員に関する情報提供を行った。今回からは「推薦」ではなく、参考となる「情報提供」となったことが以前とは異なる点である。
⑷労働法学会会員が参加している「社会法研連」、「法学政治学教育制度研連」、「21世紀の社会とジェンダー研連」は、それぞれ2005年9月末の任期終了時までに取りまとめを行うべく、活発に活動している。

6．国際労働法社会保障学会について
　荒木会員より以下のような報告が行われた。
⑴今後の会議について
1）第6回アメリカ地域会議：2004年9月14日〜17日　クエレタロ（メキシコ）
2）第8回アジア地域会議：2005年10月31日〜11月3日　台北（台湾）
3）第8回ヨーロッパ地域会議：2005年9月21〜23日　ボローニャ（イタリア）
4）第18回世界会議：2006年9月5日〜8日　パリ（フランス）
⑵学会の日本語表記の変更を「国際労働社会保障学会」から「国際労働社会保障法学会」と「社会保障」の後に「法」が挿入された。

7．入退会について
　青野事務局長より、退会者2名、および以下の20名の新入会員が理事会において承認された旨報告がなされた（50音順、敬称略）。
天野　晋介（同志社大学大学院）、石田　信平（同志社大学大学院）、稲森　公嘉（京都大学）、岩村　貴文（大信印刷株式会社）、岡田　義晴（行政書士・社会保険労務士）、桑村　裕美子（東京大学）、小堀　幸（労働政策研究・研修機構）、斉藤　厚史（株式会社キャリアクリエイツ）、榊原　嘉明（明治大学大学院）、篠原　信貴（同志社大学大学院）、城塚　健之（弁護士）、鈴木　大資（中京大学法科大学院）、瀬川　哲春（株式会社キャリアクリエイツ）、土田　容子（東京都立大学大学院）、濱田　大輔（金沢大学大学院）、畑中　祥子（中央大学大学院）、濱畑　芳和（龍谷大学大学院）、松下　守男（弁護士）、溝口　隆之（中京大学大学院）、渡邉　和哲（成蹊大学大学院）

8．その他
(1)査読委員長の交代
　和田査読委員長の退任に伴い、唐津理事が査読委員長の任に当たることが報告された。
(2)理事選挙管理委員の人選
　選挙管理委員として、以下の5名が選出されたことが報告された。相澤美智子（一橋大学）、川田知子（亜細亜大学）、清水敏（早稲田大学・理事）、長谷川聡（中央大学大学院）、原昌登（成蹊大学）。
(3)学会通信17号の巻頭言について質問があった。

◆ 日本労働法学会第108回大会案内 ◆

日時：2004年10月24日（日）
会場：日本大学法学部本館3階
　　　〒101-8375　東京都千代田区三崎町2-3-1　日本大学法学部
連絡先：03-5275-8679（林和彦研究室）

テーマ：「情報と労働法」
　司会　毛塚勝利（中央大学）
　総論　島田陽一（早稲田大学）
　1　「企業の財産的情報と労働契約」石橋洋（熊本大学）
　2　「労働者による企業への情報アクセス」竹地潔（富山大学）
　3　「情報化社会における労働者のプライバシー保護」砂押以久子（立教大学）
　4　「内部告発の法的諸問題──公益通報者保護法に関連させて──」
　　　　　　　　　　　　　　　　　小宮文人（北海学園大学）

日本労働法学会規約

第1章 総　則

第1条　本会は日本労働法学会と称する。
第2条　本会の事務所は理事会の定める所に置く。(改正，昭和39・4・10第28回総会)

第2章 目的及び事業

第3条　本会は労働法の研究を目的とし，あわせて研究者相互の協力を促進し，内外の学会との連絡及び協力を図ることを目的とする。
第4条　本会は前条の目的を達成するため，左の事業を行なう。
　1，研究報告会の開催
　2，機関誌その他刊行物の発行
　3，内外の学会との連絡及び協力
　4，公開講演会の開催，その他本会の目的を達成するために必要な事業

第3章 会　員

第5条　労働法を研究する者は本会の会員となることができる。
　本会に名誉会員を置くことができる。名誉会員は理事会の推薦にもとづき総会で決定する。
　(改正，昭和47・10・9第44回総会)
第6条　会員になろうとする者は会員2名の紹介により理事会の承諾を得なければならない。
第7条　会員は総会の定めるところにより会費を納めなければならない。会費を滞納した者は理事会において退会したものとみなすことができる。
第8条　会員は機関誌及び刊行物の実費配布をうけることができる。(改正，昭和40・10・12第30回総会，昭和47・10・9第44回総会)

第4章 機　関

第9条　本会に左の役員を置く。
　1，選挙により選出された理事（選挙理事）20名及び理事会の推薦による理事（推薦理事）若干名

2，監事　2名
（改正，昭和30・5・3第10回総会，昭和34・10・12第19回総会，昭和47・10・9第44回総会）
第10条　選挙理事及び監事は左の方法により選任する。
1，理事及び監事の選挙を実施するために選挙管理委員会をおく。選挙管理委員会は理事会の指名する若干名の委員によって構成され，互選で委員長を選ぶ。
2，理事は任期残存の理事をのぞく本項第5号所定の資格を有する会員の中から10名を無記名5名連記の投票により選挙する。
3，監事は無記名2名連記の投票により選挙する。
4，第2号及び第3号の選挙は選挙管理委員会発行の所定の用紙により郵送の方法による。
5，選挙が実施される総会に対応する前年期までに入会し同期までの会費を既に納めている者は，第2号及び第3号の選挙につき選挙権及び被選挙権を有する。
6，選挙において同点者が生じた場合は抽せんによって当選者をきめる。
推薦理事は全理事の同意を得て理事会が推薦し総会の追認を受ける。
代表理事は理事会において互選し，その任期は1年半とする。
　　（改正，昭和30・5・3第10回総会，昭和34・10・12第19回総会，昭和44・10・7第38回総会，昭和47・10・9第44回総会，昭和51・10・14第52回総会）
第11条　理事会及び監事の任期は3年とし，理事の半数は1年半ごとに改選する。但し再選を妨げない。
補欠の理事及び監事の任期は前任者の残存期間とする。
　　（改正，昭和30・5・3第10回総会）
第12条　代表理事は本会を代表する。代表理事に故障がある場合にはその指名した他の理事が職務を代行する。
第13条　理事は理事会を組織し，会務を執行する。
第14条　監事は会計及び会務執行の状況を監査する。
第15条　理事会は委員を委嘱し会務の執行を補助させることができる。
第16条　代表理事は毎年少くとも1回会員の通常総会を招集しなりればならない。
代表理事は必要があると認めるときは何時でも臨時総会を招集することができる。総会員の5分の1以上の者が会議の目的たる事項を示して請求した時は，代表理事は臨時総会を招集しなければならない。
第17条　総会の議事は出席会員の過半数をもって決する。総会に出席しない会員は書面により他の出席会員にその議決権を委任することができる。

第5章 規約の変更

第18条 本規約の変更は総会員の5分の1以上又は理事の過半数の提案により総会出席会員の3分の2以上の賛成を得なければならない。

学会事務局所在地

〒101-8301 東京都千代田区神田駿河台1-1明治大学研究棟1227号室
電話 03-3296-2333
e-mail rougaku@kisc.meiji.ac.jp
(事務局へのご連絡は毎週金曜日午前10時より12時までの間に願います)

SUMMARY

< Symposium I >

Labor Law Issues Regarding Corporate Pensions: Purpose and Summary of Symposium

Ryuichi YAMAKAWA

In Japan, there has been a lot of discussion on corporate pensions in recent years. As the population aging progresses faster than expected, many people are concerned about the future of the public pension. Thus, it is expected that corporate pensions will play a supplemental role. On the other hand, corporate pensions put a heavy financial burden on corporations, since the interest rate remains very low. This burden becomes much more serious as the new accounting rule requires corporations to disclose financial data regarding the future payment of their pensions.

As a result, two new statutes on corporate pensions were enacted in 2001: the Defined Benefit Corporate Pension Law and the Defined Contribution Pension Law. These laws have presented a number of new legal issues such as the fiduciary duties of those who are engaged in the management of corporate pension plans. Also, some corporations reduced the amount of the pension benefit that they promised to pay, or even abolished pension schemes, and the dispute arising from such conduct led to a couple of judicial decisions.

As a matter of course, there are various approaches to the issues regarding corporate pensions, such as approaches from the viewpoint of social security, taxation, accounting, human resource management etc. However, the approach from the labor law is important, since corporate pensions can be classified as one of the elements of working conditions, and parties to employment relations play an important role in the establishment, administration and abolishment of pension schemes.

It is against such background that this symposium was held at the meeting of the Japan Labor Law Association. Two keynote speakers, Professor Hideyuki Morito and Mr. Rui Kawai, presented stimulating analyses, focusing on interpretive and policy issues respectively. Lively discussion followed regarding such topics as the legal nature of pension agreements as well as the framework to determine the validity of the reduction of pension benefits unilaterally carried out by corporations. It appears that the participants were able to recognize the theoretical importance of the analysis of corporate pensions from the viewpoint of labor law.

Examining Corporate Pensions from a Labor Law Point of View: Focusing on "Disadvantageous Changes"

Hideyuki MORITO

I   Introduction: What Are Corporate Pensions?
II Issues in the Labor Standards Law
III Disadvantageous Changes of Employees' Pension Benefits
IV Disadvantageous Changes of Retirees' Pension Benefits
V   Conclusions: Corporate Pensions as "Working Conditions"

Corporate pensions in Japan can be identified with retirement allowances in a lump sum in light of their historical origin, their actual functions, and both employers and employees' awareness. They are a part of important "working conditions." They should be examined from a viewpoint not only of social security law but also of labor law, because one of the main missions of the latter is to resolve legal issues and disputes over working conditions.

On this account, this article has tried to reconsider corporate pensions from a labor law perspective, focusing on disadvantageous changes of pension benefits. As a result, it has turned out that many legal and political issues remains unsolved, such as applicability of wage protection in the Labor Standards Law or Wage Payment Security Law to corporate pension benefits, legal character of pension plan bylaws, legal significance of authorization and approval given to pension plans by the government, and so forth.

Review of the recent Japanese Corporate Pension Reforms from the Retirement Allowance's Point of View

Rui KAWAI

Recently, some important improvements about the Japanese Corporate Pension System have been carried out, The Defined Contribution Pension Law and The Defined Benefit Corporate Pension Law were enacted in 2001. As of May 2004, The Public Pension System Reform Bill is deliberated in the Parliament, several reforms about the corporate pension system is under consideration.

In these trends, I consider that the points most important for laborers are "measure for employment mobility" and "protection of beneficiaries' right to a corporate pension". If it sees from another side, the ultimate purpose of the national policy is realization of "Strengthening of the function which complements public pension system (or the retirement income security system)" by "measure for employment mobility" and "protection of beneficiaries' right to a corporate pension".

I think these trends are unavoidable, however, corporate pension of Japan also includes the character as "Taishoku-Ichizikin (which is the lump sum money paid from a company when laborer resigns)", and the national policy is not taking the character into consideration enough.

I feel uneasy about the national policy which will leave the retirement income security to the labor and management self-governance, with such consideration lacked. From these viewpoints, I took up the points of "measure for employment mobility" and "protection of beneficiaries' right to a corporate pension", and examined about these systems outline, problem, and the figure that should be.

< Symposium II >

"Network of Companies" and Labor Law : Purpose and Summary of the Symposium

Kaoko OKUDA

The changes of company organization in recent years and complication of the relation between companies have caused various problems at labor law. The concept of company organization has developed, from one company into the enterprise group which plural independent companies combine by a dominant company. Furthermore, the relation between companies include not only the connection by capital but also that by contract. In such a situation, it may that the responsibility of employer on labor law is not effectually performable, because of the gap between theory (the employer as a party of employment contract) and practice (that in the actual circumstances).

This symposium examined the problem of the employer's resposability in the diversified and complicated relation between companies (the responsibility which a dominant company should take to the employee of a subordinate company).

We used the term of "network of companies" in directing our attention to especially the relation by contract between independent companies, proposed a model (the relation between three persons concerned : dominant company A, subordinate company B, and employee of company B) in order to clarify the issue in symposium, and approached it from three different angles.

The contents of three reports are as follows :

(1) the employer's responsibility in a moment of dissolution,
(2) the employer's responsibility on the labour standard law,
(3) the employer's responsibility for collective bargaining.

Les réseaux d'entreprise et la responsabilité de l'emploi : essai sur l'abus de la personnalité morale en droit du travail

Yoichi MOTOHISA

Ⅰ. Introduction : l'impact des arrêts《Osaka Kuko Jigyo》

Ⅱ. La théorie jurisprudentielle de l'abus de la personnalité morale en droit du travail

  1. Les états actuels de la jurisprudence

  2. Les trois types des solutions jurisprudentielles

    (1) L'hypothèse d'une société de façade, ou d'une fictivité de société

    (2) L'hypothèse d'une société frauduleuse

    (3) L'hypothèse d'un détournement du pouvoir de la société dominante sur la société dominée

Ⅲ. La responsabilité de la société dominante pour les risques de l'emploi des salariés de la société dominée

  1. La problématique de la théorie jurisprudentielle de l'abus de la personnalité morale en droit du travail

  2. Les éléments de la responsabilité de l'emploi

  3. L'esquisse de l'analyse de la responsabilité de l'emploi

    (1) La cession de contrat de travail

    (2) L'indemnité compensatrice de la perte de l'emploi

Ⅳ. Conclusion

Die Aufteilung von Arbeitgeberhaftung ins Unternehmensnetz : Der Typ "Geschäftsbesorgung" und die Arbeitgeberhaftung in Arbeitsschutzgesetze

Satoshi NAKAUCHI

I　Einleitung —— Probleme und die Aufgabe in diesem Aufsatz
II　Die Diskrepanz zwischen dem Willen der Parteien und dem Tatbestand.
　　1　Arbeitnehmerüberlassungsgesetz (AÜG) und die Beziehung zwischen die Parteien
　　2　Der Spalt zwischen AÜG und Arbeitsstandardgesetz (ASG)
　　3　Zusammenfassung
III　Der Versuch
　　1　Die Falle im gelten Recht
　　2　Die Flexibilisierung vom Begriff "Arbeitgeber" in ASG
IV　Der Schluß —— Der Auftrag der Zukunft

The Subordinate Company Labors' Collective Bargaining Approach to the Ruling Companies

Hiroaki KONYA

I Introduction —— the bottleneck of the collective bargaining process for the labors of the subordinate company.

II If there is a use relation to the ruling company, is it possible for the labors of the subordinate company to bargain?

III If there are no use relation, no rule company's conduct, and no order of the work, is it possible to do so?

IV The cases of the holding company and the inheritance company.

V Conclusion —— an idea of the collective bargaining approach to the network of the ruling companies.

< Symposium III >

The New Trend of the Settlement of Labor Relations Dispute : Creation of Labor Tribunal System and Reformation of Labor Relations Commissions System

Michio Tsuchida

To deal with the increasing numbers of Individual Labor Dispute, Labor Tribunal Law (LTL) was passed and enacted by the congress. Concerning the individual employment relations dispute, LTL aims to settle the cases in the court like following ; The committee, composed of justice and two committees who has an exclusive knowledge and specialized experience about employment relationship, hears the case, attempts to conciliate it, but when the case wouldn't come to a settlement, the committee tries to settle the case swiftly by understanding their rights and matter-of-fact. Meanwhile, the amendment of Trade Union Law (TUL) revises the unfair labor practice, a typical type of collective labor dispute, for the purpose of swiftness and accuracy of the hearing.

This symposium was planned to seek the purpose and the principle of LTL and an amendment of TUL, and discussed the meanings and the tasks of both system in the settlement of Labor Relations Dispute. An outline of summary of this symposium is following.

First, Muranaka sought the increasing numbers in individual labor dispute and their background, and explaining the details of the dispute settlement in the administration and the court. He also introduced the argument of creation of LTL. Next, Toyokawa reported about LTL. He explained the principles of that system, emphasizing the disciplinary, simplicity, swiftness and effectiveness. In order to keep law and order in the employment society, Toyokawa pointed out that, especially, "the person with a special knowledge and experiment of the employment relationship" must participate in Labor Tribunal as not a person representing the interest of employer-employee relationship, but as a neutral and fairness judge. Third, Doukou admired the amendment of TUL in a certain point, but he made a report with some critical point of view. Especially, he emphasized that the adoption of intentional hearing system and making the judicial procedural system by amended TUL was not considering the adjusting function (which included the reconciliation) of Labor Relations Commissions, and severity of factual finding was not interface with the severalty of administrative remedy.

Notably, in the discussion, these two points were a subject of an argument. First, the meanings and functions of LTL was argued. In this point, because of the requirement of swiftness of the LTL, there would be a possibility of limitation of cases to be handled. On the other hand, there was an advice that this problem could be solved by arranging the point in controversy, or making a hearing beforehand. With a relationship between LTL and alternative dispute resolution, the meaning of arbitration, which was build into the LTL was argued. Secondly, the examination of Unfair Labor Practice was argued. For the function of Labor Relations Commissions, for example, these problems was broadly argued and also many opinions was exchanged vivaciously to the amendment of TUL, which function must be emphasized, an accommodating or instructive function including the reconciliation, or the adjudication function by the relief order.

Lösung von Streitigkeiten aus dem individuellen Arbeitsverhältnis : Diskussion und Politik seit 1980

Takashi Muranaka

In Japan gab es bisher keine besondere Gerichtsbarkeit für Arbeitssachen. Zwar erledigt die Arbeitskomission als ADR-Organ bestimmte Streitigkeiten aus kollektiven Arbeitsbeziehungen, aber es gab kein solches ADR-Organ für Streitigkeiten aus individuellen Arbeitsverhältnissen. Deswegen war es für die arbeitsrechtliche Politik eine wichtige Auflage, ein neues System zur Lösung solcher Streitigkeiten einzuführen. Im April 2004 ist schliesslich ein neues Gesetz verabschiedet worden. Das Gesetz setzt beim Landgericht eine ganz neue Kommission ein, die aus einem Richter und zwei Fachleute für die Arbeitswelt bestehen wird. Die Kommission wird im Jahr 2006 die ersten Streitfälle annehmen. In meinem Beitrag wird die Diskussion bis zur Gesetzgebung beleuchtet.

The Rule of Law and New Dispute-Settlement System in Employment Society: Significance and Prospect of Labor Tribunal System

Yoshiaki TOYOKAWA

1. Substantive Law and Dispute-Settlement System
2. Feature and Evaluation of Existing Dispute-Settlement System
   —— In Connection with Labor Tribunal System ——
3. Drat and Outline of Labor Tribunal System
   (1) Objectives
   (2) Tribunal System and Tribunal
   (3) Expedition —— The Rule of Three Times Trial
   (4) Coordination with Lawsuits
4. Significance and Evaluation
   (1) Revolution of First Procedures in Labor Cases
   (2) Participations Of Employer and Employee in Procedures and Verdicts
   (3) Simple and Rapid Procedures
   (4) Types of Dispute: New Dispute-Settlement Covers
   (5) Flexibility of the Text
5. Challenge and Embodiment
   (1) Establishment of Personal Supply Guaranteeing Expertise
   (2) System of Supplying Judges from Employer and Employee
   (3) Active Utilization of Labor Tribunal System
6. Prospect for Employer and Employee-Participation System

Reform of the Labor Commission (LC) System through Amendment of the Labor Union Law

Tetsunari Doko

LC has been playing an important role in adjusting labor relations and remedying unfair labor practices since 1946 in Japan. Nevertheless, the LC system has also faced many problems. In particular, the delay of case-handling and high rate of judgments canceling orders against employers need reconsideration.

Facing these problems, Labor Union Law Reform Bill was proposed to the Diet on March 2004. The Bill still has not been legislated, but was left for the continued discussion. Main purpose of this Bill is the speed-up of case-handling and reforming the fact-finding proceeding properly.

The Bill provides that LC has the power to issue orders asking for the exhibition of necessary materials and evidences, and has the power to request the witness to appear at LC examination. These provisions seem to be the most important reform from the point of practical impact on LC examination. However, it also has following serious problems theoretically.

The image of the LC system is often split up in two patterns. One focuses on its remedy-judgment function and the other focuses on its educational-adjusting function. In practice, settlements in many cases are reached without issuing the remedial order. Nonetheless, the Labor Law professors, in general, are used to research remedial orders of LC, and their interest are often in the court cases which deal with these orders.

As a one being a public member of Hokkaido LC for 22 years, making effort to resolve the labor confflicts smoothly, I give priority to educational-adjusting function for both employers and employees over remedy-judgment function.

Thus I agree to the purpose of this Bill, but think that the specific provisions that are pro remedy-judgment function are not appropriate. Since stressing both remedy-judgment function and educational-adjusting function are not possible, the reform focusing on the remedy-judgment function need reconsideration. This Labor Union Law Reform might retards the educational-adjusting function, especially of local LC.

Die Möglichkeit der Erweiterung des Begriffs Sicherheitsfürsorgepflicht : Sicherheitsfürsorgepflicht im Arbeitsverhältnis ohne Einigung und Baubestellers

Katsumi MATSUMOTO

1 Seit 90er Jahren sind über 60 Klagen für Nachkriegsentschädigung von Fremden in Japan eingebracht. Dabei geht es um Entsteheung der Sicherheitsfürsorgepflicht des Staats und des Arbeitgebers in der Zwangsarbeit. Darin entsteht nur eine faktische Arbeitsverhältnis und gibt es keine Vertrag, keine Einigung über Arbeit. Einige Urteile verneinen Sicherheitsfürsorgepflicht im Zwangsarbeitsverhältnis. Dagegen bejahen 4 Urteile solche Sicherheitsfürsorgepflicht. Ich bejahe sie auch. Weil ich glaube, dass der Kern der Entstehung der Sicherheitsfürsorgepflicht der Wille des Arbeitgebers ist, der ein Arbeitsverhältnis herstellen will. Ich nenne das, die Theorie der Wille der Herstellung des Arbeitsverhältnisses. Trotzdem es keine Einigung über Arbeit im Zwangsarbeit gibt, gibt es doch eine Wille des Arbeitsgebers über Herstellung des Arbeitsverhältnis. Deswegen bejaht man darin Entstehung der Sicherheitsfürsorgepflicht.

2 Opfer der Staublunge, die durch Tunnelbau erkrankt sind, erbringen einige Klage gegen den Staat in Japan. Dabei geht es um Entstehung der Sicherheitsfürsorgepflicht des Staats als Baubestellers. Ich bejahe sie. Weil Baubesteller die Wille hat, dass er in der Arbeitsumwelt, die er herstellt, den Beaufbetragte arbeiten läßt. Die Sicherheitsfürsorgepflicht deckt Erfüllungshilfen des Beaufbetragten. Deswegen kann der Baubesteller für Gesungheitsschädigung der Arbeiter des Beaufbetragten verantworten.

Die Legitimität über die Regelungsbefugnis des Betriebsrats bezüglich der Arbeitsbedingungen

Kenji TAKAHASHI

Das Prinzip der Privatautonomie, das als individualistisches Prinzip dem einzelnen Menschen die größtmögliche Freiheit garantiert, bietet jedem die Möglichkeit, gemäß seinem eigenen Willen seine Rechtsverhältnisse selbst zu gestalten. Da die Ordnung der betrieblichen Mitbestimmung in Deutschland jedoch nicht der Selbstbestimmung und Selbstverantwortung des konkreten Arbeitnehmers dient, so begründet die Bestimmungsweise der (freiwilligen) Betriebsvereinbarung eine nicht in Einklang mit der Privatautonomie und Selbstbestimmungsordnung stehende heteronome Ordnung. Dagegen hat der Staat hat den Betriebspartnern mit dem BetrVG die Aufgabe übertragen, die betriebliche Gestaltung hinsichtlich der Arbeitsbedingungen (§ 87 I BetrVG) zu regeln und zu ordnen. Die Normen der Betriebsvereinbarung sind insofern heteronome Regeln als die Betriebspartner ohne Rücksicht auf den Willen der Arbeitsvertragsparteien grundsätzlich deren Belange durch (freiwillige) Betriebsvereinbarungen mitgestalten. Die Gesetzgebungen der Weimarer Verfassung und des Betriebsrätegesetzes von 1920 sowie die Novelle des Betriebsverfassungsgesetzes zielten nicht darauf ab, die durch Teilhabe des Betriebsrat vorgenommene betriebliche Mitbestimmung der Ordnung der Privatautonomie und die Selbstbestimmung der Arbeitnehmern auf kollektiver Ebene zu unterstellen. Man strebte mit jenen Gesetzgebungen vielmehr an, durch die Erweiterung von Mitbestimmungsrechten den demokratischen Gedanken im betrieblichen Bereich weiter auszubauen. Ein demokratisches heteronomes Institut, wie die Mitbestimmung, orientiert sich in der Vorstellungen des Gesetzgebers an mehr Demokratie in den Betrieben durch eine Ausweitung der betrieblichen Mitbestimmung und mehr Freiheit für den einzelnen Arbeitnehmer. In meiner Arbeit wird dagegen darauf hingewiesen, dass dieser Versuch der Legitimierung mit dem Schutzzweck des Betriebsrates scheitert. Denn die Mitbestimmung dient tatsächlich nicht der Gewährleistung des Mindestlohnes und der Durchsichtigkeit der übertariflichen Klauseln sowie der Erhöhung der Entgelthöhe, welche die Alleinbestimmung des Arbeitgebers typischerweise bei übertariflicher Lohngestaltung verursacht. Daraus ist die Konsequenz zu ziehen, dass die Regelungensbefugnisse der Betriebsparteien im Bereich der übertariflichen Entgelte sich nicht rechtfertigen lassen, wenn das Mitbestimmungsrecht des Betriebsrates in die unternehmerische Entscheidungsfreiheit eingreift.

Disputes Resolution Procedure towards Workers' Sexual Harassment: A Study of New Position; Canadian Law and British Law

Hiromi KASHIWAZAKI

I Introduction

The purpose of this article is to discuss, after examining the Canadian and British Law against the sexual harassment at the work place, Japanese Law surrounding the procedure used to resolve disputes of the sexual harassment at the work place.

In Japan, to this date victims of the sexual harassment usually find themselves forced out of the employment and therefore their only recourse has been going to the Court for protection and/or compensation. However, these victimized workers would rather stop the sexual harassment and remain on their employment. The informal, inexpensive and flexible procedure in dealing with such harassment might be able to bring such a resolution to these workers.

The Dispute Adjustment Commission in "Law on Promoting the Resolution of Individual Labour Disputes" and another administrative commission deal with the sexual harassment disputes. In order to make its procedure informal, inexpensive and flexible, the organizational structure of the Dispute Adjustment Commission should change and more power should be given to the Commission. How to realize these two points is to be examined in this article.

II Canadian Law
   1 Canadian Human Rights Act R. S., 1985, c. H-6
      (Meanings and function of Canadian Human Rights Commission)
   2 Ontario Human Rights Code, R. S. O. 1990, c. H. 19

(Meanings and function of Ontario Human Rights Commission)
Ⅲ　British Law
　1　EC Law
　　　(76/207 Directive, PROTECTING THE DIGNITY OF WOMEN AND MEN AT WORK A code of practice on measures to combat sexual harassment, 2002/73 Directive)
　2　Sex Discrimination Act 1975
　　　(Meanings and function of Equal Opportunities Commission)
　3　Protection from Harassment Act 1997
　　　(Civil remedy and Restraining order)
Ⅳ　Suggestion for Japanese Law
　1　Organizational structure change of the Dispute Adjustment Commission
　2　Power enforcement
Ⅴ　Conclusion

Conversion of the Vocational Training System in Germany : The New Process Seen from Carrier Development

Shinobu NOGAWA
Tomoko KAWADA

I Preface
II The previous Situation in Germany
  1 Legislation for Vocational Training
    (1) The origin of the Vocational Training System in Germany
    (2) Meaning and structure of Federal Vocational Training Law (Bundesberufsbildungsgesetz-1969)
  2 Dual System
  3 Reservation of a Vocational Training Post
    (1) Real situation in which a Vocational Training Post is insufficient
    (2) Various trials in the past
III Main issue — How to resolve it ?
  1 The task and prospect of Dual System
  2 The plan for establishment of vocational training posts
    (1) Vocational Training Security Law (Berufsausbildungssicherungsgesetz- BerASichG)
    (2) Establishment of vocational training posts by vocational training agreements
IV The task in the future of Japanese Dual System

編集後記

◇ 本誌は，日本労働法学会第107回大会におけるミニ・シンポ報告と，個別報告を中心に編成されている。今回も，学会での報告者には，学会報告から約1か月での原稿執筆と，その後のごく短期間での査読結果への対応をお願いせざるを得なかった。執筆者各位のご協力に対し，深甚の謝意を表したい。

◇ 本号をもって，学会誌掲載原稿の査読についての実務作業を担当される査読委員長は，和田肇会員から唐津博会員に交替した。和田会員は，これまで3号にわたって委員長をお引き受けいただいたが，新たな編集体制のもとでの査読手続の基本的な枠組みを構築していただいたご功績は，特筆に値する。新査読委員長の唐津会員には，ご就任早々，査読に必要な総勢28名の査読員の選考や査読依頼など，慣れない作業を着実にこなしていただいた。

◇ 本誌の野川・川田論文は，久しぶりの投稿論文である。投稿論文は，学会事務局が用意している投稿規程に基づき，随時受け付けることにしているので，投稿を希望される会員は，学会事務局までお問い合わせいただきたい。

◇ 本誌の編集においても，法律文化社編集部の秋山泰さんと田多井妃文さんのお二人にはたいへんお世話になった。心からお礼申し上げる。

(盛誠吾／記)

《編集委員会》
盛誠吾（委員長），島田陽一，相澤美智子，緒方桂子，表田充生，川田琢之，小西康之，佐藤敬二，武井寛，中内哲，中川純，米津孝司

企業年金の法的論点
企業間ネットワークと労働法
労働関係紛争処理の新潮流
——労働審判制度の創設・労働委員会制度改革——

日本労働法学会誌104号

| 2004年10月10日 | 印　刷 |
| 2004年10月20日 | 発　行 |

編　集　者　日本労働法学会
発　行　者

印刷所　㍿　共同印刷工業　〒615-0064 京都市右京区西院久田町78
電　話 (075)313-1010

発売元　㍿　法律文化社　〒603-8053 京都市北区上賀茂岩ヶ垣内町71
電　話 (075)791-7131
Ｆ Ａ Ｘ (075)721-8400

2004 © 日本労働法学会　Printed in Japan
装丁　白沢 正
ISBN4-589-02777-1